Qualitäts-
management

Dr.-Ing. Sven Gembrys

Prof. Dr. Joachim Herrmann

Haufe

Bibliografische Information der Deutschen Bibliothek
Die Deutsche Bibliothek verzeichnet diese Publikation in der Deutschen Nationalbibliografie; detaillierte bibliografische Daten sind im Internet über www.d-ub.de abrufbar.

ISBN 3-448-07443-8
ISBN 978-3-448-07443-7
Bestell-Nr. 00880-0001

Postanschrift: Postfach, 82142 Planegg
Hausanschrift: Fraunhoferstraße 5, 82152 Planegg
Fon: (0 89) 8 95 17-0, Fax: (0 89) 8 95 17-2 50
E-Mail: online@haufe.de
Internet: www.haufe.de
Redaktion: Jürgen Fischer

Gesamtbetreuung und Redaktion: Sylvia Rein, 81379 München
Lektorat: Cordula Natusch, 81341 München
Umschlaggestaltung: Simone Kienle, 70182 Stuttgart
Umschlagentwurf: Agentur Buttgereit & Heidenreich, 45721 Haltern am See
Druck: freiburger graphische betriebe, 79108 Freiburg

Zur Herstellung der Bücher wird nur alterungsbeständiges Papier verwendet.

TaschenGuides – alles, was Sie wissen müssen

Für alle, die wenig Zeit haben und erfahren wollen, worauf es ankommt. Für Einsteiger und für Profis, die ihre Kenntnisse rasch auffrischen wollen:

- Sie sparen Zeit und können das Wissen effizient umsetzen.
- Kompetente Autoren erklären jedes Thema aktuell, leicht verständlich und praxisnah.
- In der Gliederung finden Sie die wichtigsten Fragen und Probleme aus der Praxis.
- Das übersichtliche Layout ermöglicht es Ihnen, sich rasch zu orientieren.
- Schritt für Schritt-Anleitungen, Checklisten, Beispiele und hilfreiche Tipps bieten Ihnen das nötige Werkzeug für Ihre Arbeit.
- Als Schnelleinstieg in ein Thema ist der TaschenGuide die geeignete Arbeitsbasis für Gruppen in Organisationen und Betrieben.

Ihre Meinung interessiert uns. Mailen Sie einfach an die TaschenGuide-Redaktion unter online@haufe.de. Wir freuen uns auf Ihre Anregungen.

Inhalt

Vorwort

Kunden wenden sich heute mehr denn je Produkten und Marken zu, die ihre Anforderungen, Bedürfnisse und Wünsche am besten erfüllen. Auf der Suche nach einer zukunftsweisenden Wachstumsstrategie kommt daher kaum ein Unternehmen am Thema Qualität vorbei. Wer nicht billiger ist, der muss eben besser sein, heißt oft die Devise. Der Ruf, Qualität zu liefern, muss jedoch hart erarbeitet werden und kann schnell verloren gehen. Erfolgreiche Unternehmen überlassen Qualität daher nicht dem Zufall, sondern setzen das Qualitätsmanagement ein, um ihre geschäftlichen Ziele zu erreichen. Praxisorientiertes Wissen zum Qualitätsmanagement erleichtert das Tagesgeschäft und entwickelt sich für viele zum unverzichtbaren Karrierebaustein.

Dieser TaschenGuide wendet sich an Praktiker, die Qualitätsmanagement gezielt einsetzen wollen, um ihr Unternehmen auf Wachstumskurs zu halten, Fehlerkosten zu senken und qualitätsbezogene Geschäftsrisiken zu begrenzen. Er macht Qualität auf einfache Weise begreifbar und gibt einen Überblick, worauf es beim Managen der Qualität ankommt. Der Weg führt dabei von den Grundlagen des Qualitätsmanagements über das Zertifikat nach ISO 9001 bis zum umfassenden Qualitätsverständnis des TQM.

Viel Erfolg mit Qualität wünscht Ihnen

Dr. Sven Gembrys

Warum Qualität managen?

Qualität ist einer der wichtigsten Schlüssel für den Erfolg am Markt. Aber was genau ist Qualität? Wie entsteht sie? Und was kann ein Unternehmen tun, um sie langfristig sicherzustellen?

Was genau ist Qualität?

Qualitätsmanagement kann nur dann zum Erfolg führen, wenn es gelingt, Qualität für Mitarbeiter und Kunden transparent und verständlich zu machen. Qualitätsmanager sind daher gut beraten, den Qualitätsbegriff oder besser die Qualitätsbegriffe genau zu klären, die in ihren Unternehmen von Bedeutung sind. Dazu gehören vor allem: Produktqualität, Servicequalität, Prozessqualität und Systemqualität.

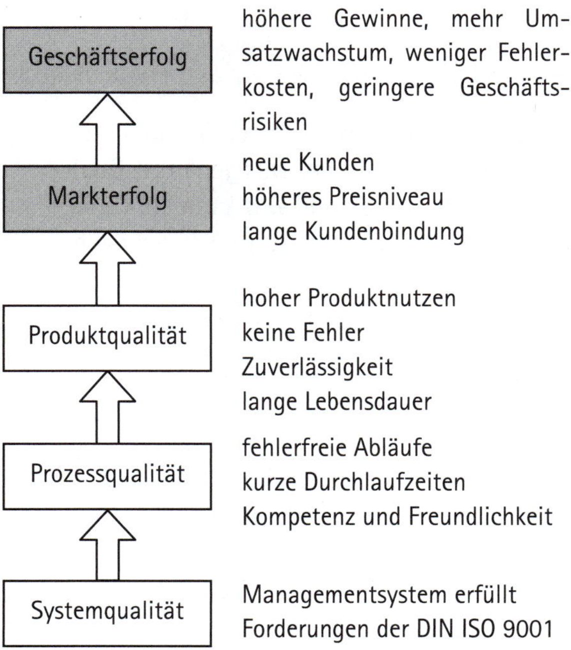

Wirkungskette Qualität und Geschäftserfolg

- Produkt- und Servicequalität bestimmen den Produktnutzen und damit die Kaufneigung des Kunden. Servicequalität steht für die Güte der Dienstleistungen, die ein Unternehmen im Zusammenhang mit dem Geschäftsabschluss anbietet. Beides beeinflusst die Kundenzufriedenheit, die Wiederkaufs- und Empfehlungsneigung und erhöht Umsätze, Gewinne und letztlich den Geschäftserfolg.
- Prozessqualität beantwortet die Frage, wie die Arbeitsabläufe eines Unternehmens die an sie gerichteten Anforderungen erfüllen. Sie ist wichtig, um Produkt- und Servicequalität fehlerfrei und kostengünstig sicherzustellen. Fehlerbehaftete Prozesse verursachen vermeidbare Kosten für Ausschuss und Nacharbeit. Damit hat Prozessqualität Einfluss auf die Kostenposition des Unternehmens und treibt Gewinn und Geschäftserfolg.
- Systemqualität bezieht sich entweder auf das Managementsystem oder auf das gesamte Unternehmen. In diesem Zusammenhang spricht man von Unternehmensqualität. Der ganzheitliche Ansatz sichert Kundenvertrauen und hilft, die Qualität der Prozesse, Produkte und Dienstleistungen im Sinne der übergeordneten Unternehmensziele optimal zu steuern.

Wer die Qualität greifbar machen will, sollte sich am allgemeinen Qualitätsbegriff orientieren, der in der DIN EN ISO 9000 international genormt ist (s. Seite 61 ff.). Ausgehend von dieser Definition braucht man nur noch die Anforderungen zusammenzutragen, die sich auf Produkte, Services,

Prozesse und Systeme beziehen, um die Qualitätsbegriffe im eigenen Unternehmen zu klären und messbar zu machen.

Was bedeutet Produktqualität?

Die Wachstumsstrategie vieler Unternehmen lässt sich mit einem kurzen Satz zusammenfassen: Wer nicht billiger ist, der muss eben besser sein. Produktqualität wird damit zum Hauptstellhebel, um Umsatzsatzziele zu erreichen. Ihre Bedeutung spiegelt sich im Alltag der Vertriebsmitarbeiter wider. Diese nutzen das Qualitätsimage des Unternehmens gern, um Kontakte zu neuen Kunden zu generieren, und verwenden Produktqualität als Argument, um höhere Preise durchzusetzen. Zudem sind sie darauf angewiesen, dass die hart erarbeiteten Kundenkontakte über lange Zeit erhalten bleiben. Das setzt voraus, dass die Kunden mit der gelieferten Ware zufrieden sind.

Es geht um Beschaffenheit, nicht um den Preis

Kunden kaufen normalerweise die Produkte mit dem besten Preis-Leistungsverhältnis. Die Leistung eines Produkts wird von vielen einzelnen Merkmalen bestimmt, die zusammengenommen seine Beschaffenheit beschreiben. Wie Kunden diese Beschaffenheit – und damit die Leistung – einschätzen, hängt stark von den Bedürfnissen des Einzelnen und von seiner persönlichen Wahrnehmung ab.

Beispiel: Wahrgenommene Leistung

Sachbezogene Kunden bewerten die Leistung einer Markenjeans viel geringer als modebewusste Kunden mit einem hohen Selbstverwirklichungsbedürfnis. Sie nehmen den Mehrwert des Markenschriftzugs kaum wahr und sind nicht bereit, einen höheren Preis zu zahlen.

Um sich durch Leistung von seinen Wettbewerbern zu unterscheiden, ist es also wichtig, die Beschaffenheit der Produkte möglichst genau den individuellen Bedürfnissen der Zielkunden anzupassen und besonderen Wert auf die wahrnehmbaren Produktmerkmale zu legen. Die Beschaffenheit wird gleichsam in das Produkt hinein entwickelt und produziert. Sie lässt sich nachträglich kaum verändern und macht sich oft erst nach dem Kauf bemerkbar.

Beispiel: Beschaffenheit und Preis

Ein Fahrraddiscounter kann seine Preise jederzeit um 30 Prozent erhöhen oder senken. Die Lebensdauer des Fahrrades ist dagegen mit dessen Konstruktion und Ausführungsqualität vom Hersteller vorgegeben. Der Kunde erhält erst Jahre später darüber Aufschluss.

Qualität heißt anforderungsgerecht

Kunden versuchen, sich vor der Kaufentscheidung ein möglichst genaues Bild von der Qualität zu machen. Bewusst oder unterbewusst stellen sie ihre Anforderungen zusammen und bewerten den Grad, mit dem die Produkte verschiedener Anbieter diese erfüllen. Mit anderen Worten: Sie bewerten die Qualität. Wer Qualität liefern will, muss also die Anforderungen möglichst treffsicher erfüllen. Sind diese nicht oder nicht vollständig erfüllt, spricht man von schlechter, sind sie besser erfüllt, von guter oder überlegener Qualität.

■ Qualität ist der Grad, in dem inhärente Merkmale Anforderungen erfüllen (Definition des Qualitätsbegriffs nach DIN ISO 9000). Inhärent bedeutet: dem Produkt innewohnend, diese Eigenschaften machen seine Beschaffenheit aus. Merkmale wie Kosten oder Preis sind im Gegensatz dazu zugeordnet. ■

Wer Produktqualität liefern will, der muss eine wachsende Anzahl von Anforderungen erfüllen, die von verschiedenen Seiten an das Produkt gestellt werden. Maßgeblich sind vor allem die Forderungen von Zielkunden, Verbänden, Behörden, Gesetzgebern und standardisierenden Stellen des eigenen Unternehmens. Anforderungen können bewusst oder unbewusst, vorausgesetzt oder festgeschrieben sein. Es ist Aufgabe der Produktplanung, diese Forderungen möglichst vollständig zusammenzutragen und zu gewichten.

Beispiel: Anforderungen an ein Produkt
Wer beim Bäcker ein Kilogramm Vollkornbrot bestellt, legt seine Anforderungen an Gewicht und Zutaten ausdrücklich fest. Der Bäcker muss zudem noch weitere Anforderungen berücksichtigen, die der Kunde nicht direkt äußert, aber voraussetzt, z. B. Frische und Schadstofffreiheit. Weiter sind gesetzliche Forderungen zu beachten, die u. a. einen Mindestanteil an Vollkornmehl in Vollkornprodukten vorschreiben.

Auf die Art des Produkts kommt es an

Welche Forderungen im Einzelnen gestellt werden, hängt in erster Linie von der Art des Produkts ab. Nicht alle Qualitätsforderungen sind dabei für den Kunden von gleicher Bedeutung. Die hohe Kunst des Qualitätsplaners ist es daher, die erfolgskritischen Merkmale ausfindig zu machen und diese während der Produktentwicklung und in der Produktion besonders zu berücksichtigen.

Man unterscheidet zwischen folgenden Produktkategorien: Service-, Software-, Hardware- und verfahrenstechnische Produkte. Dabei sind vor allem folgende Arten von Qualitätsanforderungen und -merkmalen zu berücksichtigen:

- Bei der Planung eines Hardwareprodukts (physisch abgrenzbares Produkt, z. B. Telefon oder Haushaltswaren)

Anforderung	**Beispiel**
funktional	Kalender-, Freisprech- oder Kamerafunktion bei Mobiltelefonen
geometrisch	Länge, Breite, Höhe, Durchmesser
physisch	mechanische, elektrische, chemische oder werkstofftechnische Merkmale
sensorisch	Aussehen, Geräuschabgabe, Geruch, Geschmack, tastbare Oberflächenmerkmale
zeitbezogen	Zuverlässigkeit, Lebensdauer
ergonomisch	körperliche oder geistige Beanspruchung und Gefährdungspotenzial

- Bei der Planung eines Dienstleistungsprodukts (neben den Qualitätsmerkmalen des Dienstleistungsergebnisses)

Anforderung	**Beispiel**
funktional	Mobilitäts-, Abhol- und Reinigungsservice einer Autowerkstatt
zeitbezogen	Dauer, Pünktlichkeit, Reaktionsgeschwindigkeit, Erreichbarkeit
verhaltensbezogen	Freundlichkeit, Höflichkeit, Ehrlichkeit

- Bei verfahrenstechnischen Produkten

Anforderung	**Beispiel**
funktional	Sonnenschutzfaktor einer Hautcreme, Schmiereigenschaften eines Motorenöls
physikalisch	Viskosität, Tropfverhalten, PH-Wert, Farbe
sensorisch	Geruch, Aussehen, Homogenität
chemisch	Inhaltsstoffe und Zusammensetzung
biologisch	biologische Verunreinigungen mit Keimen
zeitbezogen	Haltbarkeit, Stabilität
sicherheits-beeinflussend	Brennbarkeit, Hautverträglichkeit, Giftigkeit

Nutzen der Prozessqualität

Prozessqualität hat nichts mit Ablaufdiagrammen auf einem Stück Papier zu tun. Es geht vielmehr um Menschen und Teams, die Maschinen und IT-Systeme bedienen, um Produkte zu entwickeln oder herzustellen.

Qualitätsfähige Prozesse liefern Produktqualität

Wer Produktqualität vorausschauend managen will, sollte sich auf die Gestaltung der Entwicklungs- und Produktionsprozesse konzentrieren. Dabei kommt es besonders darauf an, die Fähigkeit dieser Prozesse zu erhöhen, anforderungsgerechte Produkte hervorzubringen.

- Den Entwicklungsprozessen kommt die Rolle zu, die Qualitätsforderungen an das Produkt und seine Teile vollständig festzulegen. Dabei können viele Fehler entstehen, die oft erst in späteren Phasen des Produktlebenszyklus entdeckt und behoben werden. Etwa 80 Prozent der Fehler, die bei der Herstellung und Nutzung auftreten, sind auf Mängel in der Entwicklung zurückzuführen.
- In den Produktions- oder Dienstleistungsprozessen gilt es dann, die von der Entwicklung festgelegten Anforderungen an das Produkt treffsicher zu erfüllen. Man spricht in diesem Zusammenhang auch von Qualitätsfähigkeit der Prozesse. Als einfaches Maß bietet sich dafür die Fehlerrate an. Diese wird häufig in der Einheit ppm angegeben und steht für die Anzahl defekter oder zurückgewiesener Produkte je eine Million hergestellter Einheiten.

Qualitätsfähigkeit senkt die Fehlerkosten

Fehler verursachen Kosten, die sich durch vorausschauendes Qualitätsmanagement vermeiden lassen. Je später ein Fehler im Lebenszyklus des Produkts entdeckt wird, desto höher sind seine Folgekosten.

> *Zehnerregel Fehlerkosten: Die Kosten eines Fehlers verzehnfachen sich mit jeder Lebenszyklusphase, die zwischen Fehlerentstehung und Fehlerentdeckung vergeht. Die Lebenszyklusphasen sind: Planung, Entwicklung, Fertigungsplanung, Fertigung und Nutzung.*

Beispiel: Steigende Fehlerkosten

Ein Entwicklungsfehler, der schon am ersten Prototyp entdeckt wird, lässt sich noch relativ leicht beheben. Fällt er erst bei Fertigungsversuchen kurz vor Produktionsstart auf, kann seine Behebung teure Änderungen der Werkzeuge oder der gedruckten Verkaufsprospekte erforderlich machen. Wird er erst nach Auslieferung durch Kunden entdeckt, fallen zusätzlich Transport-, Reparatur- und Reklamationskosten an. In sicherheitskritischen Fällen können sogar umfangreiche Rückrufaktionen erforderlich sein, um Fehler an ausgelieferten Produkten nachträglich auszubessern.

Die Qualitätsfähigkeit der Prozesse wirkt also in zweierlei Hinsicht auf das Unternehmensergebnis. Einerseits sichert sie fehlerfreie Produkte, sorgt für zufriedene Kunden und steigert letztlich den Umsatz. Andererseits senkt sie Kosten entlang der gesamten Wertschöpfungskette.

Anforderungen an Prozesse

Die Qualitätsfähigkeit ist jedoch nur ein Teilaspekt der Prozessqualität, denn nicht alle Forderungen an einen Prozess beziehen sich auf seine Ergebnisse. Vielmehr spielen hier die gleichen Interessengruppen eine Rolle, die Anforderungen an Produkte stellen: Kunden, Behörden und Gesetzgeber. Hinzu kommt die Unternehmensleitung in Vertretung der Kapitaleigner und bei einigen Prozessen auch Lieferanten.

Forderung	**Beispiel**
ergebnisbezogen	Ausbringungsmenge, Produktqualität, Aufzeichnungen zu Prozessparametern und Prüfergebnissen
beschaffenheitsbezogen	Art und Reihenfolge der Tätigkeiten, Qualifikation der Mitarbeiter, Qualitätsfähigkeit der Anlagen und Maschinen

zeitbezogen	Termineinhaltung, Durchlaufzeiten, Reaktionszeiten, Rüstzeiten
produktivitätsbezogen	Verbrauch an Arbeitsstunden, Maschinenstunden, Material oder Energie je Produkteinheit, Wertschöpfungsanteil
arbeitsschutzbezogen	Unfallrisiko und Gesundheitsbelastung der Mitarbeiter
umweltschutzbezogen	Art und Menge der Emissionen, Menge und Gefährdungsklassen der eingesetzten Materialien und Betriebsstoffe

Diese Auflistung kann nur als Anregung dienen, um die im Einzelfall bedeutsamen Prozessqualitätsmerkmale auszuwählen und zu managen.

Systemqualität legt den Grundstein

Beim Verbessern der Prozessqualität stößt man oft an Grenzen, die vom Managementsystem des Unternehmens vorgegeben sind, etwa weil die Unternehmensleitung ihre Absichten und Ziele zu Qualität noch nicht festgelegt hat oder das Prozessdenken nicht in den Köpfen der Mitarbeiter verankert ist. Häufig fehlt es an klaren Vorstellungen und Regelungen, welche Prozesse die Qualität der Produkte beeinflussen, wie diese aussehen und wer für qualitätsrelevante Tätigkeiten verantwortlich ist. Solange diese Fragen unbeantwortet bleiben, fehlt dem Qualitätsmanagement der systematische

Ansatz, der die vereinzelten Verbesserungsaktivitäten bündelt und ihnen eine gemeinsame Richtung gibt.

Wem nützen Qualitätsmanagementsysteme?

Anders als bei Produkten wird der Normalverbraucher keine direkten Anforderungen an das Managementsystem eines Unternehmens stellen. Er vertraut dem Ruf des Herstellers oder der Marke und wechselt den Anbieter, wenn er mit der Leistung nicht zufrieden war. Industrielle Großabnehmer dagegen binden sich oft lange an ihre Zulieferer. Sie sind daher daran interessiert – und aufgrund ihrer Nachfragemacht auch in der Lage – Forderungen an deren Qualitätsmanagementsystem zu stellen. Meist kommen hier internationale Normen zum Einsatz.

■ *Die bekannteste Norm zum Thema Qualitätsmanagementsysteme ist die DIN EN ISO 9001, die länder- und branchenübergreifend gültig ist. Zudem gibt es Standards, die die Forderungen der DIN EN ISO 9001 für einzelne Länder oder Branchen ergänzen.* ■

Inhaltlich beziehen sich die Forderungen zu Qualitätsmanagementsystemen meist auf die unten genannten Bestandteile und fordern, dass diese systematisch geplant, weiterentwickelt und in Form eines Qualitätsmanagementhandbuchs detailliert beschrieben werden (s. Seite 67). Die ISO 9001 fordert u. a., dass ein Unternehmen eine Qualitätspolitik verfasst, in der es seine Absichten und Ziele zu Qualität beschreibt. Außerdem muss es seine Prozesse definieren und in den Kontext der Prozesslandschaft einordnen. Zudem soll ein Qualitätsbeauftragter mit bestimmten Kompetenzen benannt und Verfahrensanweisungen zu bestimmten Tätigkeiten erstellt werden.

Mit System zur Qualität

Jedes Unternehmen, das längere Zeit erfolgreich am Markt tätig ist, verfügt über ein funktionierendes Qualitätsmanagementsystem. Es ist also grundsätzlich nichts Neues, sondern meist nur ein neu einzuführender Begriff, um Systemqualität zielgerichtet managen zu können. Das Qualitätsmanagementsystem ist Teil des gesamten Führungssystems und setzt sich aus folgenden Bausteinen zusammen:

- Absichten und Ziele der Unternehmensleitung in Hinblick auf Qualität
- Prozesslandschaft und qualitätsrelevante Prozesse des Unternehmens
- qualitätsrelevante Tätigkeiten und Verantwortlichkeiten
- qualitätsrelevante Stellen in der Organisationsstruktur
- qualitätsrelevante Methoden und Techniken
- Informationssysteme zur Verarbeitung qualitätsrelevanter Daten
- Personal, Mess-, Prüf- und Arbeitsmittel, die für Aufgaben des Qualitätsmanagements erforderlich sind.

All diese Aspekte müssen geplant und systematisch weiterentwickelt werden, um Prozess- und Produktqualität langfristig gewährleisten zu können (s. Seite 27 ff.).

Unternehmensqualität ist noch umfassender

Viele Unternehmen verstehen unter Systemqualität mehr als die anforderungsgerechte Gestaltung des Qualitätsmanagementsystems. Denn dieses ist neben dem Kosten- und Ertragsmanagementsystem oder dem Umwelt- und dem Arbeitsschutzmanagementsystem nur einer von vielen Teilen des gesamten Managementsystems. Bei der Unternehmensqualität geht es darum, alle Anforderungen zu erfüllen, die an das Unternehmen als Ganzes gestellt werden. Dabei sind auch solche Forderungen eingeschlossen, die mit der Qualität der Produkte nichts mehr zu tun haben. Dann spricht man auch vom umfassenden Qualitätsmanagement, Total Quality Management oder kurz TQM (s. Seite 71 ff.).

Qualitätsmanagement – wie es geht und was es bringt

Qualitätsmanagement funktioniert in der Regel nach ähnlichen Grundsätzen wie das Kosten- und Ertragsmanagement. Es geht in erster Linie darum, Qualitätsziele aus der Unternehmensstrategie und den geschäftlichen Zielen abzuleiten und diese anschließend systematisch zu erreichen.

Die Aufgaben des Qualitätsmanagements

Qualitätsmanagement wird in fünf Aufgabenblöcke untergliedert. Bei all diesen Aufgaben sollten Sie sich nicht nur auf Produktqualität beschränken, sondern auch Prozessqualität und Systemqualität abdecken.

1. Qualitätspolitik, Strategie und Ziele

Qualitätspolitik, -strategie und -ziele geben dem Qualitätsmanagement eine Richtung vor und treiben es voran. Meist übernehmen Qualitätsmanager die Aufgabe, diese Punkte zu formulieren und der Unternehmensleitung zur Entscheidung vorzulegen (s. Seite 27 ff.).

2. Qualitätsplanung

Wer anspruchsvolle Qualitätsziele erreichen will, braucht einen guten Plan. Genauer gesagt, drei Arten von Plänen, denn jedes Produkt, jeder Prozess und jedes Managementsystem beanspruchen einen eigenen Qualitätsplan.

- Qualitätspläne legen zum einen alle Qualitätsforderungen fest, die von dem betrachteten Produkt, Prozess oder Managementsystem zu erfüllen sind.
- Zum anderen geben sie alle zu erledigenden Tätigkeiten vor, um diese Qualitätsanforderungen zu erfüllen.

Qualitätspläne können eigenständige Dokumente sein, die vom Qualitätsmanager geführt werden. Oft sind sie jedoch integrierter Bestandteil eingeführter Dokumente, für die Produkt- oder Prozessplaner, Projekt- oder Prozessmanager verantwortlich sind.

Die Aktivitäten der Qualitätsplanung sind Teil übergeordneter Prozesse. Die Qualitätsplanung für Produkte und produktbezogene Prozesse findet überwiegend in den Entwicklungsprozessen statt; die Planung für Geschäftsprozesse und für das Qualitätsmanagementsystem übernehmen meist Qualitätsmanager für die Unternehmensleitung.

3. Qualitätslenkung

Beim Lenken der Qualität geht es darum, die Qualitätspläne im Tagesgeschäft auch tatsächlich umzusetzen. Dazu müssen sie zunächst verteilt und bekannt gemacht werden. In vielen Fällen sind außerdem Mitarbeiter zu schulen oder Mess- und Prüfgeräte bereitzustellen.

Im Tagesgeschäft gilt es dann, Abweichungen von den Qualitätsplänen frühzeitig festzustellen und bei Bedarf steuernd einzugreifen. Messdaten und Kennzahlen helfen, Abweichungen von den geplanten Qualitätsmerkmalen zu erfassen. Um festzustellen, ob die in den Qualitätsplänen festgelegten Tätigkeiten planmäßig erfolgen, müssen die Prozesse regelmäßig beobachtet und gegebenenfalls korrigiert werden. Entwicklungs-, Beschaffungs-, Produktions- und Vertriebsprozesse stehen dabei im Mittelpunkt.

4. Qualitätdarlegung

Die Tätigkeiten der Qualitätsdarlegung sollen das Vertrauen schaffen, dass die Qualitätsforderungen auch planmäßig erfüllt werden. Dazu lässt es sich kaum umgehen, Aufzeichnungen zu den qualitätsrelevanten Tätigkeiten und deren Ergebnissen anzufertigen. Typische Ergebnisse der Qualitätsdarlegung sind Prüfprotokolle, Abnahmeprotokolle, Freigabedokumente, Qualitätspläne, Prozessbeschreibungen und Qualitätsmanagementhandbücher.

Der informelle Grundsatz der Qualitätsdarlegung heißt: „Tue Gutes und sprich darüber!"

5. Qualitätsverbesserung

Die Produkte und die meisten Prozesse sind bereits festgelegt, wenn die Produktion bzw. Dienstleistungserbringung startet. Treten zu diesem Zeitpunkt Qualitätsprobleme auf, werden die Verantwortlichen zunächst versuchen, innerhalb der vorgegebenen Spezifikationen lenkend einzugreifen, z. B. durch Mitarbeiterschulungen oder Maschineneinstellungen.

Erst, wenn sie dabei an die Grenzen der etablierten Eigenarten der Produkte, Prozesse oder des Qualitätsmanagementsystems stoßen, sind Maßnahmen zur Qualitätsverbesserung erforderlich. Diese beginnen meist mit der Suche nach Fehlerschwerpunkten und deren Ursachen und führen letztlich zur Herausgabe veränderter Spezifikationen, wie z. B. Produktzeichnungen, Arbeitspläne, Prozessbeschreibungen oder auch des Qualitätsmanagementhandbuchs.

Nutzen des Qualitätsmanagements

Den Ruf, Qualität zu liefern, muss sich ein Unternehmen hart erarbeiten und er kann schnell verloren gehen. Erfolgreiche Unternehmen überlassen Qualität daher nicht dem Zufall, sondern versuchen, sie zielgerichtet zu beeinflussen. Sie verstehen sie nicht als Selbstzweck, sondern als Mittel, die übergeordneten geschäftlichen Ziele zu erreichen. Unternehmen, die sich einem wachsenden Anspruchsniveau und einem hohen Wettbewerbsdruck im Markt ausgesetzt sehen, betrachten Qualitätsmanagement sogar als eine ihrer überlebenswichtigen Kernkompetenzen.

Es stellt sich daher selten die Frage, ob Qualitätsmanagement betrieben wird, sondern eher die Frage, wie: Wie lege ich meine Qualitätsziele fest, um den größtmöglichen Beitrag zur Umsetzung der Geschäftsstrategie und -ziele zu erreichen? Wie halte ich den Aufwand möglichst gering? Es geht also um den maximalen Wertbeitrag des Ansatzes.

Qualitätsmanagement fördert das Wachstum

Produktqualität steigert die Attraktivität der Produkte, bindet Kunden an das Unternehmen und unterstützt auf diese Weise die Wachstumsziele der Unternehmensleitung. In diesen Punkten erzielt man im Gespräch mit dem Management schnell Einigkeit. Bei den Fragen, wann und wie viel, gehen die Meinungen allerdings oft weit auseinander. In der Praxis gelingt es kaum, alle Umsatzwirkungen des Qualitätsmanagements zu beziffern. Folgende Überlegungen können helfen, seinen Nutzen und die Bedeutung zu erklären.

- Bis zu 90 Prozent der Kunden, die mit der Qualität eines Produkts unzufrieden sind, meiden dieses fortan. Wie viel kostet es, einen neuen Kunden zu gewinnen? Wie viel Umsatz geht mit einem abwandernden Kunden durchschnittlich verloren?
- Jeder unzufriedene Kunde teilt seinen Unmut mindestens neun weiteren Personen mit. Nur vier Prozent der Kunden beschweren sich über mangelnde Produktqualität. Sie

können also davon ausgehen, dass auf jede bei Ihnen eingehende Beschwerde über 200 potenzielle Kunden kommen, denen von Ihren Produkten abgeraten wurde. Was wäre es Ihrem Vertriebschef Wert, dies zu vermeiden?

Auch wenn diese Zahlen von Branche zu Branche unterschiedlich sind, geben sie doch erste Anhaltspunkte dafür, welche Auswirkungen Produktqualität auf Ihren Umsatz hat.

Qualitätsmanagement senkt Kosten

Viele neigen dazu, nur die Kosten zu sehen, die das Qualitätsmanagement verursacht. Sie vergessen dabei, dass es dazu dient, Anforderungen zu erfüllen, also Fehler zu vermeiden. Und Fehler verursachen nicht selten hohe Kosten.

Zu beachten sind dabei externe und interne Fehlerkosten. Zu den externen Fehlerkosten zählen vor allem die schon erwähnten Gewährleistungs- und Kulanzkosten sowie in schwerwiegenden Fällen auch Produkthaftungskosten. Zu den internen Fehlerkosten rechnet man alle Kosten, die in internen Prozessen wegen Abweichungen von Qualitätsforderungen entstehen. Dazu gehören vor allem Kosten für Nacharbeit und Ausschuss sowie Kosten zur Beseitigung der Fehlerursachen.

■ *Fehlerkosten von fünf bis zehn Prozent sind in der Produktion keine Seltenheit. Die schwer erfassbaren Kosten von Marketing-, Entwicklungs- und Managementfehlern sind dabei meist noch gar nicht einbezogen.* ■

Die Ausgaben für das Qualitätsmanagement sind also im Wesentlichen als Investitionen zu sehen, die Wachstum fördern und Fehlerkosten senken. Unabhängig davon ist jeder Qualitätsmanager angehalten, ständig die Effizienz des Qualitätsmanagements zu hinterfragen, um die Kosten für Herstellung und Vertrieb anforderungsgerechter Produkte im Vergleich zu Wettbewerbern möglichst gering zu halten.

Qualitätsmanagement mindert Risiken

Ein besonders wichtiges Argument für ein wirkungsvolles Qualitätsmanagement ist die Tatsache, dass das Qualitätsmanagement das Risiko von Produkthaftungsfällen und Rückrufaktionen mindert.

Die Kosten derartiger Krisenfälle im Unternehmen verschlingen nicht selten ganze Jahresgewinne und können Existenz bedrohende Ausmaße annehmen

.

Qualitätsmanagement: Aufgaben der Unternehmensleitung

Qualität ist Führungsaufgabe. Lesen Sie in diesem Kapitel, welche Schritte das Management einleiten muss, damit es zu einer dauerhaften und systematischen Verbesserung der Qualität im Unternehmen kommt.

Etablieren des Qualitätsgedankens

Qualitätsmanagement ist Führungsaufgabe und beginnt bei der Unternehmensleitung. Sie ist Vorbild, gibt in der Qualitätspolitik die Richtung vor, legt Prozesse fest, etabliert ein Qualitätswesen, delegiert Verantwortlichkeiten, stellt Ressourcen zur Verfügung und würdigt Erfolge. Qualitätsmanager übernehmen bei all diesen Aufgaben eine treibende und unterstützende Rolle.

Die Formulierung der zentralen Aussagen

In der Qualitätspolitik legt die Unternehmensleitung ihre Absichten zu Kundenzufriedenheit sowie Produkt-, Prozess- und Systemqualität fest. Sie gibt damit Kunden und anderen interessierten Parteien ein Qualitätsversprechen, das maßgeblich die Ausrichtung, die Ziele und die Intensität des Qualitätsmanagements bestimmt. Die Ausarbeitung ist meist Sache der Qualitätsmanager und sollte im Leitungskreis des Unternehmens diskutiert und verabschiedet werden. Dabei ist es wichtig, mit Marketing und Vertrieb einen Schulterschluss zu erzielen. Denn diese Abteilungen sind es, die die Absichten und Ziele zu Qualität vor dem Kunden vertreten müssen.

Absichten zu Kundennutzen und Zufriedenheit

Die Qualitätspolitik richtet sich vor allem an Kunden und sollte daher unbedingt Aussagen zum Kundennutzen und zur Kundenzufriedenheit enthalten.

Beispiele: Nutzen- und Kundenzufriedenheitsversprechen
Ein Automobilhersteller verspricht seinen Kunden Freude am Fahren. Ein Heizungsinstallateur verkauft behagliche Wärme im kalten Winter.
„Wir geben uns erst zufrieden, wenn Sie zufrieden sind." „Sie werden begeistert sein." „Bei Unzufriedenheit Geld zurück."

Welche Produktqualität versprechen Sie?

Viele Unternehmen sprechen von überlegener Produktqualität. Für die werbewirksame Außendarstellung des Unternehmens sind kurze Slogans sicher angemessen. Intern sollten Sie aber für konkretere Vorstellungen sorgen, die sich aus der Wettbewerbsstrategie ableiten.

Beispiele: Produktqualitätsversprechen
„Gut ist uns nicht gut genug." bzw. „Im Bereich der vorausgesetzten Kundenforderungen, wie Sicherheit und Zuverlässigkeit, wollen wir genau so gut sein wie unser größter Wettbewerber."

Wie gut sind die Prozesse?

Die Prozessqualität spielt vor allem in der Zulieferindustrie eine Rolle, da die Hersteller der Endprodukte enge Zeitpläne vorgeben und kaum mehr Lagerbestände vorhalten. Sie sind daher auf Termintreue, beherrschte Prozesse und Zuverlässigkeit angewiesen. Zulieferer bieten sich als kompetenter und zuverlässiger Partner an mit überlegenem Lieferservice.

Aussage zum Qualitätsmanagement

Schließlich sollte auch ein Versprechen zum Qualitätsmanagementsystem nicht fehlen. Dieses orientiert sich der Einfachheit halber meist an bekannten Standards.

Beispiel: Aussage zu Qualitätsmanagementsystem
Unser Qualitätsmanagementsystem entspricht der DIN EN ISO 9001.

Qualitätspolitik: Diese Fragen müssen Sie sich stellen
▪ Welchen Nutzen können unsere Kunden von unseren Produkten erwarten? ▪ Welchen Stellenwert räumen wir der Kundenzufriedenheit im Tagesgeschäft ein? ▪ Welche Absichten verfolgen wir zur Produktqualität? ▪ Was verstehen wir unter Prozessqualität und welche Bedeutung räumen wir ihr ein? ▪ Welche Ziele verfolgen wir zur Gestaltung unseres Qualitätsmanagementsystems?

Die Umsetzung in die Praxis

Beim Formulieren der Qualitätspolitik ist Vorsicht geboten. Wer Versprechungen abgibt und diese nicht erfüllt, läuft Gefahr, dass sich die Kunden enttäuscht abwenden. Umso wichtiger ist die Frage, wie Qualitätsversprechen dauerhaft und konsequent eingehalten werden und das Tag für Tag.

Welche Stellhebel wollen Sie nutzen?

Die Antwort darauf gibt die Qualitätsstrategie. Dabei kommen immer wieder die gleichen Stellhebel zum Einsatz. Die wichtigsten finden Sie in den Exzellenz-Prinzipien der European Foundation for Quality Management: Kundenorientierung, Führen und Zielkonsequenz, Management mit Prozessen und Fakten, Einbeziehung der Mitarbeiter, Partnerschaften mit Lieferanten, Prävention und kontinuierliche Verbesserung (im Einzelnen ab Seite 76 ff.). Die Kunst liegt darin, die allgemein gültigen Grundsätze in praxisnahe Leitsätze umzusetzen. Diese müssen konkret genug sein, um Handlungsanleitungen für die Mitarbeiter abzuleiten.

Ziele ermöglichen Kontrolle

Qualitätsziele konkretisieren die Absichtungserklärungen der Qualitätspolitik und -strategie. Inhaltlich sollen sie neben der Kundenzufriedenheit auch die Zielfelder Produkt-, Prozess- und Systemqualität abdecken. Dem Qualitätsmanager kommt die Aufgabe zu, die Unternehmensleitung beim Festlegen der Qualitätsziele zu beraten und sicherzustellen, dass die Ziele in allen Unternehmensbereichen in untergeordnete Qualitätsziele heruntergebrochen werden.

Beispiel: Qualitätsziele

Zielfeld	Indikator	2005	2006
Geschäftserfolg	Fehlerkostenanteil	4%	3%
Markterfolg	Zufriedene Kunden	90%	95%
Produktqualität	Rückweisungsquote	0,2%	0,2%
Servicequalität	Terminüberschreitungen	2%	1%
Prozessqualität	Fehlerrate Produktion	1%	0,8%
Systemqualität	Zertifikat ISO 9001	nein	ja

Qualitätsprojekte offenbaren den Handlungsbedarf

Mindestens einmal pro Jahr sollte die Unternehmensleitung den aktuellen Status zu Qualität und Qualitätsmanagement auf den Prüfstand stellen, um Handlungsbedarf zu erkennen, Prioritäten festzulegen und Projekte zur Qualitätsverbesserung abzuleiten. Die Anzahl der Projekte sollte auf sieben begrenzt und sie sollten zu einem Qualitätsprogramm zusammengefasst sein.

Beispiel: Qualitätsprogramm

Projekt		Ziel	Wer?
1	Kundenfokus	Anteil zufriedener Kunden von 90% auf 95% erhöhen	Vertrieb
2	Null-Fehler-Montage	Anzahl Montagefehler pro Einheit auf 0,05% senken	Montage
3	QM mit System	Zertifizierung nach ISO 9001	QM

Das Management von Prozessen

Erfolgreiche Unternehmen denken in abteilungsübergreifenden Prozessen. Sie machen die Prozesslandschaft transparent und priorisieren Einzelprozesse. Die verantwortlichen Mitarbeiter richten diese auf den Kunden aus und führen sie mit Kennzahlen. An Prozessübergängen werden interne Kunden-Lieferanten-Beziehungen etabliert, d. h. Leistungen und Leistungsanforderungen zwischen den Abteilungen vereinbart. Diese berücksichtigen sowohl Forderungen der Kunden also auch Möglichkeiten zur Arbeitserleichterung.

Dem Qualitätsmanager kommt die Aufgabe zu, die Regeln für das Prozessmanagement festzulegen und für deren Einhaltung zu sorgen. Außerdem macht er Vorschläge: zur Gestaltung des Prozessnetzes, zur Benennung der Verantwortlichen, zur qualitätsgerechten Prozessgestaltung und zur Definition von Kennzahlen und Qualitätszielen.

Prozesslandschaft transparent machen

Die Prozesslandschaft stellt die bedeutenden Arbeitsabläufe eines Unternehmens in ihrem Wirkungszusammenhang dar. Orientieren Sie sich beim Erstellen der Prozesslandschaft am besten an Prozessmodellen ähnlicher Unternehmen.

Welche Prozesse gibt es?

- Die Geschäftsprozesse beginnen fast immer mit einem Kundenkontakt und liefern Ergebnisse, die für den Kunden gedacht sind.
- Managementprozesse treiben die Weiterentwicklung des Unternehmens in Richtung der Unternehmensziele voran.
- Ressourcenprozesse schaffen die Voraussetzungen für fehlerfreie und effiziente Prozesse.

Beispiel: Prozesslandschaft

Prozesskategorie	Prozess
Geschäftsprozesse	Produkte entwickeln, Kundenbeziehungen managen, Aufträge abwickeln
Managementprozesse	Führen mit Zielen, Prozesse managen, Managementsystem weiterentwickeln
Ressourcenprozesse	Personalmanagement, Anlagen- und Betriebsmittelmanagement, Lieferantenmanagement

Prozesse teilen sich weiter in Teilprozesse auf

Die Prozesslandschaft kann zunächst nur einen Überblick geben. Jeder Prozess muss schrittweise in Teilprozesse und

Tätigkeiten untergliedert werden, die sich nahtlos aneinander reihen und mithilfe von Arbeitsanweisungen detailliert beschrieben werden können (s. Seite 85 ff.).

Wer ist wofür verantwortlich?

Prozessmanagement kann nur funktionieren, wenn ranghohe Führungskräfte aus dem erweiterten Kreis der Unternehmensleitung die Verantwortung für Prozesse übernehmen und ihre besten Mitarbeiter damit beauftragen, die Prozesse für sie zu managen.

Rollen im Prozessmanagement verteilen

Der Qualitätsmanager sollte daher zwei Rollen zum Prozessmanagement einführen:

- Der Prozessverantwortliche trifft die Entscheidung hinsichtlich Kennzahlen, Ziele und der Prozessgestaltung.
- Der Prozessmanager bereitet diese Entscheidungen vor, indem er Vorschläge zu diesen Themen erarbeitet und Informationen zur Leistung des Prozesses zusammenträgt.

■ *Als Qualitätsmanager sollten Sie nicht selbst die Rolle des Prozessverantwortlichen übernehmen. Denn die Führungskräfte werden sich kaum in die Gestaltung ihrer Prozesse hineinreden lassen. Kommt es zu Problemen, werden sie sich auf Ihre Prozessverantwortung beziehen. Als Prozessmanager sollten Sie allenfalls vorübergehend einspringen, bis kompetente Fachleute zur Verfügung stehen.* ■

Qualitätsstandards in Kraft setzen

Prozesse haben Anweisungscharakter und müssen daher von der Unternehmensleitung bzw. den Prozessverantwortlichen getragen und in Kraft gesetzt werden. Aus Sicht des Qualitätsmanagers kommt es dabei darauf an, dass alle qualitätsrelevanten Tätigkeiten und Arbeitsanweisungen fest in den Prozessen verankert sind und mit diesen von der Unternehmensleitung etabliert werden (s. hierzu das Kapitel Qualitätsmanagement in Geschäftsprozessen, Seite 45 ff.).

Beispiel: Qualitätsstandards setzen
Als Qualitätsmanager sollten Sie darauf achten, dass Produkte vor der endgültigen Auslieferung noch einmal geprüft werden. Um diese Tätigkeit in der Organisation zu verankern, machen Sie die Prüfung zusammen mit der entsprechenden Prüfanweisung zum Standard und verankern beide in der entsprechenden Prozessbeschreibung.

Prozesse mit Kennzahlen führen

Nicht zuletzt liegt es in der Verantwortung der Unternehmensleitung, sich nicht mit der bloßen Beschreibung eines Prozesses zufrieden zu geben. Zwar ist die mit der Prozessbeschreibung gewonnene Transparenz oft schon ein Wert für sich. Die wahre Bedeutung wird jedoch erst deutlich, wenn die wichtigsten Qualitätsmerkmale der Prozesse und ihrer Ergebnisse in Kennzahlen erfasst, mit Zielen belegt und regelmäßig zum Zweck der Steuerung überwacht werden.

Qualität braucht eine Organisation

Die Qualitätsorganisation lässt sich mit einem Lotsen vergleichen, der das Unternehmen an der Seite der Führungskräfte sicher bis zum Erreichen seiner Qualitätsziele begleitet. Die Unternehmensleitung ist für ihren Aufbau und die Bereitstellung der erforderlichen Mittel verantwortlich.

Legen Sie die Aufgaben fest

Ordnen Sie der Qualitätsorganisation grundsätzlich die gleiche Rolle und die gleichen Aufgaben zu, die das Controlling z. B. für das Kostenmanagement übernimmt:

- Qualitätsmanagementsystem formen und dokumentieren,
- Koordinieren: Qualitätsrelevante Tätigkeiten bei Bedarf anstoßen und abstimmen, insbesondere im Bereich der Qualitätsplanung und -verbesserung,
- Informieren: Qualitätsrelevante Informationen zusammentragen, aufbereiten und regelmäßig berichten,
- Beraten: Methoden, Werkzeuge, Beratung und Training zum Qualitätsmanagement anbieten,
- Überwachen und Steuern: Sicherstellen, dass alle qualitätsrelevanten Tätigkeiten planmäßig durchgeführt und die Qualitätsziele erreicht werden. Im Falle von Abweichungen Maßnahmen vorschlagen und koordinieren.

Operative Tätigkeiten sollten Sie der Qualitätsorganisation grundsätzlich nur dann zuordnen, wenn Sie sich nach dem Vier-Augen-Prinzip zusätzliche Sicherheit verschaffen wollen oder dazu gesetzlich verpflichtet sind (z. B. Abnahmen und Freigaben in Produktionsprozessen oder Reklamationsbearbeitung). In Ausnahmefällen kann die Qualitätsorganisation auch Servicefunktionen übernehmen, z. B. Mess- und

Prüfaufgaben, wenn sich damit die Qualität der Mess- und Prüfergebnisse verbessern lässt.

Schaffen Sie Strukturen

Größere Unternehmen bauen eine eigenständige Qualitätsorganisation auf, die im Idealfall die eigene Struktur spiegelt. Jeder Führungskraft steht ein haupt- oder nebenamtlicher Qualitätsmanager zur Seite. Kleine Unternehmen ordnen die entsprechenden Rollen Führungskräften und Mitarbeitern der bestehenden Organisation zu.

Der Qualitätsbeauftragte als Qualitätscontroller

Der Kopf der Qualitätsorganisation sollte ein Qualitätsbeauftragter oder Qualitätsmanager sein. Seine Rolle ist die eines Qualitätscontrollers, der an der Seite der qualitätsverantwortlichen Führungskräfte dafür sorgt, dass Ziele festgelegt und eingehalten werden. Für Kunden ist der Qualitätsbeauftragte die zentrale Anlaufstelle zur Klärung von Qualitätsproblemen, die sich nicht im Rahmen der täglichen Zusammenarbeit ausräumen lassen.

■ *Der Qualitätsbeauftragte sollte unbedingt ständiges Mitglied der Unternehmensleitung oder zumindest des obersten Leitungskreises sein und direkten Zugang zur Geschäftsführung haben.* ■

Die Aufgaben des Qualitätsingenieurs

Produzierende Unternehmen setzen in Entwicklungsprojekten und Produktionsbetrieben Qualitätsingenieure ein, die technisch geprägte Aufgaben der Produkt- und Prozessqualitätsplanung bzw. -verbesserung übernehmen. Dazu zählen z. B. die Definition von kritischen Produkt- und Prozessqualitätsmerkmalen oder die Entwicklung von Prüfverfahren.

Die fachliche Führung

Qualitätsmanager sollten disziplinarisch denjenigen Führungskräften unterstellt sein, die sie unterstützen. Das schafft fachliche Nähe, fördert das gegenseitige Verständnis und erleichtert die Kommunikation. Diese Nähe kann dazu führen, dass Qualitätsstandards aufweichen und Freigaben trotz Qualitätsmängel möglich werden. Dieses Problem lässt sich mit einer konsequenten fachlichen Führung der Qualitätsorganisation umgehen. Sie ist an klaren Regeln, Aufgabenprofilen und Qualifikationsanforderungen für Qualitätsmanager zu erkennen, deren Einhaltung in regelmäßigen Gesprächen und Audits gesteuert wird.

Qualifikation sichern und Verbesserung organisieren

Viele Unternehmen schreiben in ihrer Qualitätspolitik: „Bei uns ist jeder für Qualität verantwortlich." Diese Aussage hat eher richtungsweisenden Charakter und meint, dass jeder Mitarbeiter für seine Arbeitsergebnisse verantwortlich ist. Sie darf aber nicht darüber hinwegtäuschen, dass die Unternehmensleitung für alle Tätigkeiten eindeutige Verantwortlichkeiten und Kompetenzen festlegen muss, um die Qualität der arbeitsteilig erzeugten Produkte sicherzustellen.

Qualität wird von Menschen gemacht

Mithilfe von Funktions- oder Stellenbeschreibungen oder auch in Arbeitsanweisungen oder Prozessbeschreibungen kann schriftlich festgehalten werden, was genau an welchem Posten verlangt wird. Die Qualifikation der Mitarbeiter spielt in der Qualitätsstrategie erfolgreicher Unternehmen fast immer eine zentrale Rolle.

Qualifizierte Mitarbeiter bereitstellen

Um die Mitarbeiterqualifikation sicherzustellen, sollte die Unternehmensleitung dafür sorgen, dass die Vorgehensweisen zur qualitätsgerechten Auswahl und Weiterentwicklung der Mitarbeiter geplant sind und auch eingehalten werden. Das gilt insbesondere für Unternehmensbereiche und Mitarbeiter, die die Qualität direkt beeinflussen. Wichtig sind die Qualifikationsanforderungen, die sich aus den qualitätsrelevanten Aufgaben ableiten. Hier stellen sich weiterführende Detailfragen: Welche Ausbildung, Fortbildungsnachweise und Berufserfahrung müssen Mitarbeiter haben?

Mitarbeiterqualifikation: Diese Fragen müssen Sie sich stellen

- Welche Mitarbeiter oder Stellen übernehmen qualitätsrelevante Aufgaben?
- Welche Qualifikationsanforderungen leiten sich aus den qualitätsrelevanten Aufgaben ab?
- Wie stellen wir fest, ob ein Kandidat für eine Stelle geeignet ist?

- Wie arbeiten wir neue Mitarbeiter ein, ohne dass Fehler bis zum Kunden durchdringen?
- Wie stellen wir Weiterbildungsbedarf fest?
- Wie organisieren wir Weiterbildung, sodass der Weiterbildungsbedarf binnen kurzer Zeit auch gedeckt wird?
- Wie machen wir den Qualifikationsstand transparent, sodass Mitarbeiter nur für solche Aufgaben eingesetzt werden, für die sie auch qualifiziert sind?
- Wie stellen wir sicher, dass qualifizierte Mitarbeiter anwesend sind, wenn qualitätsrelevante Arbeiten anfallen?

Wie Sie Verbesserung organisieren

Wer stehen bleibt, fällt zurück. Daher stellt sich die Frage: Wie lassen sich Mitarbeiter zur kontinuierlichen Verbesserung führen? Die Antwort heißt DMAIC: definieren, messen, analysieren, innovieren und kontrollen.

Schwerpunkte definieren

Es liegt im Verantwortungsbereich der Unternehmensleitung, sich vom Qualitätsbeauftragten regelmäßig über Zielabweichungen, Problemschwerpunkte und lohnenswerte Verbesserungspotenziale berichten zu lassen. Sie verfügt damit über eine Reihe von Ansatzpunkten, die sie dazu nutzen sollte, regelmäßig Verbesserungsprojekte anzustoßen.

Wenn Sie schnelle Erfolge sehen wollen, sollten Sie hier die Salamitaktik anwenden: Schneiden Sie Qualitätsprobleme in bekömmliche Scheiben, statt zu versuchen, sie im Ganzen zu lösen.

Qualität messen

Probleme, die man nicht messen kann, kann man auch nicht nachweislich abstellen. Daher muss jeder Leiter eines Verbesserungsprojekts Qualität messbar machen. Die folgenden Vorgehensweisen unterscheiden sich in Aufwand, Genauigkeitsgrad der Bewertung und Aussagekraft des Ergebnisses. Sie ergänzen sich in der Regel gegenseitig.

- Kundenreklamationen zählen etc.: Gelingt es, Reklamationen systematisch zu erfassen, spiegelt ihre Anzahl – oder besser die der reklamierten Produkte – die Wahrnehmung der Kunden zur Qualität wider. Allerdings beschwert sich nur ein kleiner Teil aller unzufriedenen Kunden. Weitaus mehr kaufen Wettbewerbsprodukte, ohne Rückmeldung zu geben, und erzählen stattdessen anderen potenziellen Kunden von den negativen Erfahrungen.
- Kunden befragen: Direktere und verlässlichere Aussagen liefern repräsentative Kundenbefragungen, die jedoch meist auch aufwendiger sind. Sie bieten sich schon während der Produktentwicklung in Form von Tests an.

Beispiel: Kundenbefragung

Der Besitzer einer Eisdiele lädt vor der Neueröffnung eine Reihe von Testkunden ein, um sie die Qualität des eigenen Speiseeises im Vergleich zu der der Wettbewerber aus der näheren Umgebung bewerten zu lassen. Nur wenn der größere Teil der Testkunden sich für das eigene Eis entscheiden würde, kann er mit nachhaltigem Geschäftserfolg rechnen.

Kunden sollten regelmäßig befragt werden, um Fehler zu erfassen, die sich erst während der Produktnutzung zeigen. Das Ergebnis einer solchen Befragung ist eine Maßzahl für die Kundenzufriedenheit, der Kundenzufriedenheitsindex. Dieser macht die Zufriedenheit der Kunden mit der Qualität der Gesamtleistung in Form einer Notenbewertung messbar.

- Fehler zählen: Fehler sind nicht erfüllte Anforderungen bzw. Abweichungen von geplanten Qualitätsmerkmalen. Die Fehlerzahl ist ein einfaches und daher sehr eingängiges Maß für Qualität. Sie berücksichtigt allerdings weder das Ausmaß der Abweichung noch deren Bedeutung aus Kundensicht und ist daher relativ ungenau. Um diesem Nachteil entgegenzuwirken, unterscheidet man häufig zwischen drei Fehlerarten:
  - Kritische Fehler beeinträchtigen die Sicherheit von Menschen, z. B. Fehler an Bremsanlagen.
  - Hauptfehler führen zum Ausfall einer der Hauptfunktionen eines Produkts, z. B. Ausfall des Antriebs.
  - Nebenfehler beeinflussen die Nutzung nur unwesentlich, z. B. Farbabweichungen oder Kratzer.

- Auch die Qualität von Prozessen und Systemen lässt sich am einfachsten durch Zählen von Abweichungen messen. Um diese aufzudecken, sind jedoch Prozess- und Systemaudits erforderlich, in denen die gelebten Prozesse und Managementsysteme systematisch mit den entsprechenden Richtlinien, Vorschriften und Spezifikationen verglichen werden.

Noten vergeben

In regelmäßigen Abständen ist der Qualitätsmanager auf ein detailliertes Bild der Produktqualität angewiesen. Dafür eignen sich Produktaudits, die ein sehr viel größeres Spektrum an Produktmerkmalen abdecken. Sie werden meist an versandfertigen Produkten inklusive der Verpackung durchgeführt und bewerten die Vergleichsprodukte bezüglich festgelegter Anforderungen, gewichten die Teilbewertungen und fassen diese in einer Gesamtnote zusammen. Diese gibt letztlich den Grad an, in dem die Produkte die in der Produktspezifikation festgelegten Anforderungen erfüllen.

■ *Produktvergleiche in Fachzeitschriften listen Anforderungen auf und zeigen, wie man Qualität mithilfe von Notenbewertungen mess- und vergleichbar machen kann.* ■

Problemursachen analysieren

Vorausschauende Unternehmenslenker interessieren sich weniger für Probleme, sondern mehr für deren Ursachen. Denn diese sind es, die abgestellt werden müssen. Als Leiter eines Verbesserungsprojekts sollten Sie daher mehr als einmal nach den möglichen Ursachen fragen. Diese liegen meist in den 5M-Bereichen: Mensch, Maschine, Material, Methode, Mitwelt. Experten raten bis zu fünfmal nach dem „Warum" zu fragen, um bis zur Ursache vorzudringen.

Beispiel: Ursachensuche nach 5M

Beschweren sich die Kunden einer Autowerkstatt gehäuft, dass der beanstandete Schaden nicht beim ersten Werkstattbesuch behoben werden konnte, so muss sich der Werkstattleiter fragen, ob das Problem von seinen Mitarbeitern, den Ersatzteilen, den Werkzeugen, den Reparaturanweisungen oder vom Auftragsabwicklungsprozess verursacht wird. Behaupten die Mitarbeiter, sie hätten nicht genügend Zeit, um sorgfältig zu arbeiten, so sollte der Werkstattleiter ein zweites Mal nach dem „Warum“ fragen. Die Antwort könnte sein, dass bei der Auftragsannahme unrealistische Termine vereinbart wurden. Ein weiteres „Warum“ führt dann auf die Ursache: Die Auftragsannehmer haben keinen Überblick über die Werkstattauslastung und typische Bearbeitungszeiten.

Innovationen umsetzen und Erfolge kontrollieren

Sind die Ursachen erst gefunden, dann ist es zur Lösung meist nicht mehr weit – vorausgesetzt, es gelingt, die richtigen Experten zu einem Brainstorming an einen Tisch zu bringen und für die Weiterentwicklung der Lösung bis zur Umsetzungsreife zu gewinnen. Abgeschlossen ist ein Verbesserungsprojekt erst, wenn eine wirksame Lösung eingeführt und das ursprüngliche Problem nachweislich behoben ist.

Qualitätsmanagement in Geschäftsprozessen

Qualität entsteht im Tagesgeschäft. In diesem Kapitel erfahren Sie, wie Sie Qualitätsprodukte entwickeln, Prozesse optimieren, Ihre Lieferanten einbinden und für gute Kundenbeziehungen sorgen.

Qualitätsprodukte entwickeln

Ob ein Produkt den Anforderungen des Kunden entspricht, entscheidet sich eher in der Entwicklung als in der Produktion. Produktentwickler legen die kaufentscheidenden Qualitätsmerkmale fest, z. B. Design, Funktionalität, Lebensdauer und Zuverlässigkeit. Modernes Qualitätsmanagement setzt daher vor allem auf Qualitätsplanung und Fehlerprävention.

Planung von Entwicklungsprojekten

Qualitätsmanagement in der Entwicklung braucht einen Plan, der alle qualitätsrelevanten Tätigkeiten auflistet, terminiert und mit Verantwortlichkeiten belegt. Er ist Teil des übergeordneten Projektplans und umfasst das Gesamtprodukt, die Komponenten und Teile. Die Erstellung, Pflege und Überwachung der Qualitätspläne für den Entwicklungsprozess fällt in den Verantwortungsbereich des Projektleiters.

Entwicklung von Qualitätsplänen:
Diese Fragen müssen Sie sich stellen

- Welche Tätigkeiten sind erforderlich, um die Kundenforderungen zu ermitteln? Wer ist verantwortlich? Welche Verfahren kommen zum Einsatz?
- Welche Entwicklungsergebnisse müssen erzeugt werden? Wer ist verantwortlich?
- Wann bewerten wir die Entwicklungsergebnisse in Bezug auf Qualität? Wer ist verantwortlich?

- Welche Produktverifizierungen sind erforderlich (z. B. Prototypentests oder Erstmusterprüfungen)?
- Welche Produktvalidierungen nehmen wir vor?
- Welche Prozessfähigkeitsuntersuchungen und -abnahmen führen wir durch? Mit welchen Verfahren? Wer ist verantwortlich?

Produktqualität planen

Für die Produktqualitätsmerkmale ist es wichtig, ein möglichst genaues Bild von den Zielkunden, ihren Bedürfnissen, Wünschen und Erwartungen zu gewinnen.

Was will der Kunde tatsächlich?

Erfolgreiche Qualitätsmanager bemühen sich, in Zusammenarbeit mit dem Marketing und im Kontakt mit ausgewählten Zielkunden Informationen zu gewinnen.

Beispiel: Informationen über Zielkunden
Ein Architekt nutzt die Unterhaltung mit Bauherrn auf dem Golfplatz. Der Softwarehersteller muss sich in die Rollen der späteren Entscheider, Administratoren und Nutzer hineinversetzen.

Kundenwünsche in Produktmerkmale übersetzen

In einem zweiten Schritt gilt es, die subjektiven und zum Teil unterbewussten Vorstellungen des Kunden in technische Produktmerkmale umzusetzen. Hilfreich ist dabei die in Japan entwickelte Quality Function Deployment- oder QFD-Methode. Zentrales Werkzeug ist das House of Quality, eine Matrix, die die Kundensprache in jene der Entwickler übersetzt. Als Ergebnis entsteht eine Rangfolge der wichtigsten Produktmerkmale mit konkreten Zielwerten.

Beispiel: QFD-Matrix für eine Pizza

Kundenanforderungen \ Produktmerkmale		Gewicht	Durchmesser	Dicke	Käseanteil	Tomatenanteil	Randbreite
Pizza	macht satt	6	●	●	●		○
	sieht appetitlich aus	2	○	○	⊙	○	⊙
	knusprig	1		●	○	⊙	●
	macht nicht so dick	5			●		
	...						
Bedeutung		Punkte	20	23	38	4	13
		Rang	3	2	1	5	4
Objektiver Zielwert			20 cm	12 mm	30%	20%	15 mm

○ = *schwacher*, ⊙ = *mittlerer*, ● = *starker Einfluss*

Hierbei sollten Marketing, Produktplanung und Entwicklung eng zusammenarbeiten und die Ergebnisse in Lasten- bzw. Pflichtenheften systematisch festhalten.

Ausprägungen der Qualitätsmerkmale festlegen

Nicht alle Qualitätsmerkmale sind gleich wichtig. Der Produktplaner erhält dadurch Freiräume zur Feinjustierung der geplanten Produktqualität: Er kann die Ausprägungen der Qualitätsmerkmale in bestimmten Grenzen variieren.

- Mit Basismerkmalen, z. B. Funktionsfähigkeit und optische Unversehrtheit, kann man Kunden nicht begeistern, aber eventuell schwer enttäuschen. Der Kunde setzt sie voraus und bemerkt sie erst, wenn sie fehlen. Für den Produktplaner heißt das: Basismerkmale nicht überdimensionieren, aber auf keinen Fall zu schwach auslegen.
- Je stärker Leistungsmerkmale ausgeprägt sind, desto mehr steigt die Kundenzufriedenheit. Ein typisches Beispiel ist die Beschleunigung beim Auto. Leistungsmerkmale sollten gemeinsam mit dem Marketing unter Berücksichtigung der Wettbewerbsprodukte festgelegt werden, denn sie hängen eng mit dem Zielpreis und der Zahlungsbereitschaft des Kunden zusammen.
- Begeisterungsmerkmale werden von Kunden nur selten erwartet und können daher deren Zufriedenheit kaum negativ beeinflussen. Sind sie jedoch überdurchschnittlich ausgeprägt, so führen sie zu Begeisterung und werden zum stärksten Kaufargument.

Begeisterungsmerkmale, z. B. der Airbag beim Auto, werden schnell zum Leistungsmerkmal und dann zur Selbstverständlichkeit.

Fehlerrisiken identifizieren, bewerten und reduzieren

Im Verlauf der Produktentwicklung können viele Fehler entstehen, die nicht gleich zu erkennen sind und schwerwiegende Folgen haben. Aufgabe von Qualitätsmanagern ist es, diese systematisch zu erkennen, zu bewerten und zu reduzieren. Zu diesem Zweck wird oft die Methode FMEA eingesetzt, die Fehlermöglichkeits- und Einflussanalyse. Dabei listen interdisziplinär zusammengesetzte Entwicklungsteams alle Fehlermöglichkeiten auf, die die wesentlichen Funktionen eines Produkts betreffen können, und bewerten deren Folgen, Auftretens- und Entdeckungswahrscheinlichkeit.

Qualitätslenkung in der Entwicklung

Nachdem die Produktmerkmale feststehen, muss während des Entwicklungsprozesses sichergestellt sein, dass sie erfüllt werden. Dazu findet eine Bewertung der Zwischenergebnisse vor wichtigen Entscheidungspunkten statt, bei komplexeren Produkten in mehreren Stufen: auf Bauteilebene, dann für Baugruppen und schließlich für das Gesamtprodukt. Bei Abweichungen können dann frühzeitig Gegenmaßnahmen eingeleitet werden.

Beispiel: Zwischenergebnisse

Typische Zwischenergebnisse in der Entwicklung sind Zeichnungen, Modelle, Stücklisten, Prototypen und Vorserienprodukte.

Je konkreter das Bild von dem zu entwickelnden Produkt im Verlauf des Entwicklungsprozesses wird, desto praxisnäher kann auch die Überwachung ablaufen. Planen Sie drei Arten von Überwachungsverfahren ein: die Bewertung der Entwicklungsergebnisse, die Verifizierung und die Validierung.

Produktqualität bewerten

Zur Bewertung der Produktqualität laden Sie am besten alle beteiligten Mitglieder des Entwicklungsteams ein und lassen diese den aktuellen Entwicklungsstand des Produkts anhand von Checklisten bewerten. Diese decken alle wesentlichen

Anforderungsbereiche ab: Funktionalität, Zuverlässigkeit, Lebensdauer, Herstellbarkeit, Umweltverträglichkeit usw.

Beispiel:
Der Entwickler einer Tasche präsentiert intern die Entwürfe mit Materialmustern und erläutert, wie das spätere Produkt die Forderungen erfüllen soll, z. B. Volumen, Gewicht, Übereinstimmung mit Designrichtlinien.

Produktqualität verifizieren

Die Bewertung der Entwicklungsergebnisse allein gibt nicht genügend Sicherheit, um das Produkt auf den Markt zu bringen. Deshalb folgt eine Verifizierung der Entwicklungsergebnisse, um objektive Nachweise für die Produktqualität, die über die subjektiven Einschätzung des Teams hinausgehen, zu erhalten. Dafür eignen sich Simulationen, Prototypentests oder Produktvergleiche mit Referenzprodukten.

Beispiel: Simulation
Architekten nutzen statische Berechnungen, 3D-Simulationen und Modelle, um den Bauherren nachzuweisen, dass die geplanten Räume die ästhetischen und funktionalen Anforderungen erfüllen.

Produktqualität validieren

Die Validierung weist nach, dass das Produkt den erwarteten Kundennutzen bringt und den späteren Bedingungen fehlerfrei standhält. Sie sollte daher unter möglichst praxisnahen Bedingungen stattfinden und kann nach der Markteinführung im Rahmen von Feldbeobachtungen wiederholt werden.

Beispiel: Validierung einer Serviceleistung
Der Leiter eines Pizzaservices lässt zur Validierung einige Probebestellungen bearbeiten und prüft unter simulierten Praxisbedingungen, ob diese in den versprochenen 30 Minuten ausgeliefert werden können.

Null-Fehler-Prozesse planen

Auch die Produktions- und Lieferprozesse müssen so weit entwickelt sein, dass spezifikationsgerechte Produkte und pünktliche Lieferungen möglich sind.

Qualitätsanforderungen an Prozesse ermitteln

Schon während der Produktentwicklung sollten Sie damit beginnen, Anforderungen an die Produktions- und Lieferprozesse aufzulisten. Neben den Forderungen an die Prozessergebnisse, also die Produkte, spielen dabei regelmäßig auch zeit- und beschaffenheitsbezogene Forderungen eine Rolle.

Beispiel: Qualitätsanforderungen an Prozesse
Aus den Fertigungstoleranzen, die in den Zeichnungen der Bauteile festgelegt sind, leiten sich Anforderungen an die Genauigkeit der Maschinen und Fertigungsprozesse ab.

Qualitätsparameter der Prozesse festlegen

Sind die Anforderungen an einen Prozess zusammengestellt, dann gilt es, diese in Vorgaben zu Qualitätsparametern für das spätere Tagesgeschäft umzusetzen. Hierfür eignet sich die oben genannte Matrix als Werkzeug (s. Seite 48). Halten Sie Qualitätsparameter in Prozessbeschreibungen und Arbeitsanweisungen fest, um sie später an die ausführenden Mitarbeiter vermitteln können.

Beispiel: Prozessqualitätsparameter
Um Genauigkeit sicherzustellen, werden bestimmte Werkzeuge eingesetzt und regelmäßig getauscht. Zudem gelten bestimmte Prozessparameter, z. B. Bearbeitungsgeschwindigkeiten und Umgebungstemperaturen.

Qualitätslenkung in der Produktion planen

Kaum ein Prozess liefert dauerhaft ohne steuernde Eingriffe gleichbleibende Qualität. Planen Sie schon vor Produktionsstart Vorgehensweisen ein, mit denen Mitarbeiter die Produktionsprozesse überwachen und steuern können.

Beispiel: Qualitätslenkung

Bei der Planung einer Telefonzentrale sorgt der Qualitätsmanager dafür, dass jeder Telefonist auf seinem Bildschirm die Anzahl der aktuell wartenden Anrufer ablesen kann. Wächst die Warteschlange über einen bestimmten Wert hinaus, sollen die Telefonisten die Dauer ihrer Gespräche möglichst verkürzen und so das Qualitätsmerkmal Wartezeit beeinflussen.

Qualitätsprüfungen in der Produktion planen

Um zu verhindern, dass Fehler Kosten in Folgeprozessen verursachen oder erst beim Kunden entdeckt werden, sind Prüfungen in der Wertschöpfungskette einzuplanen. Die Ergebnisse werden in Prüfablaufplänen und -anweisungen festgehalten, die Mitarbeitern später als Anleitung dienen.

Prüfplanung: Diese Fragen müssen Sie sich stellen
▪ Welche Qualitätsmerkmale unseres Produkts sind erfolgs- oder sicherheitskritisch? ▪ Welche Merkmale prüfen wir, da wir Fehler im Prozess nicht ausschließen können und sie auch in späteren Prozessschritten nicht mit Sicherheit erkennen können? ▪ An welcher Stelle im Prozess prüfen wir diese Merkmale? ▪ Welche Mitarbeiter, Verfahren und Geräte sollen für die Prüfung eingesetzt werden? ▪ Wie zeichnen wir die Prüfergebnisse auf?

Entwicklung von Produktionsprozessen

Prozesse sollten am Ende der Entwicklungsphase für die Produktion freigeben werden. So können Produktionsleiter sicherstellen, dass auch die Prozessentwicklung abgeschlossen ist. Sonst müsste sie während der laufenden Produktion zu Ende geführt zu werden, meist unter hohen Fehlerkosten. Bei geringen Stückzahlen kann die Freigabe im einfachsten Fall nach Prüfung der Fertigungspläne geschehen. Großserien- oder Massenproduktionen sollten dagegen nur freigegeben werden, wenn die Qualitätsfähigkeit der Prozesse nachgewiesen ist und eine Abnahme im Rahmen eines Audits vorliegt.

Qualitätsfähigkeit der Prozesse nachweisen

Meist ist eine lange Reihe von Produktionsversuchen nötig, um die Qualitätsfähigkeit eines Prozesses nachzuweisen. Dabei sollten alle systembedingten Einflussgrößen, wie z. B. tageszeitabhängige Temperaturschwankungen, beseitigt werden. Läuft der Prozess unter beherrschten Bedingungen ab, lässt sich der Fähigkeitsindex des Prozesses ermitteln. Er sagt aus, wie viele Fehler in der laufenden Produktion zu erwarten sind. In der Zulieferindustrie sind heute Fehlerraten von unter 60 je eine Million hergestellter Teile üblich.

Prozesse auditieren

Vor Produktionsstart ist noch eine systematische Untersuchung aller Prozesse sinnvoll, um festzustellen, ob sie allen festgelegten Anforderungen gerecht werden. Grundlage sind alle Pläne, Vorgaben, Anweisungen, Protokolle, Aufzeichnungen und Nachweise, die während der Prozessentwicklung entstanden sind, zuzüglich aller produktunabhängigen Anforderungen des Unternehmens. Eine wesentliche Rolle spielt dabei auch der Prozessfähigkeitsnachweis.

Der Qualitätsmanager übernimmt bei der Planung und Durchführung der Prozessaudits meist die federführende Rolle. Er ist derjenige, der die Ergebnisse festhält und im Falle von Abweichungen dafür sorgt, dass diese vor Produktionsstart abgestellt werden. Zusätzlich sollten neben dem Produktionsleiter auch die zuständigen Produktionsplaner und im Zuliefergeschäft auch Vertreter der Kunden eingeladen werden.

Qualität einkaufen

Je mehr Komponenten und Dienstleistungen ein Unternehmen von Zulieferfirmen einkauft, umso mehr Einfluss verliert es auf die Qualität seiner Endprodukte. Mit sinkender Wertschöpfungstiefe wird es daher immer wichtiger, mit erstklassigen Lieferanten zusammenzuarbeiten und gleichzeitig die operativen Beschaffungsprozesse abzusichern.

Lieferantenmanagement

Häufige Lieferantenwechsel provozieren Qualitätsprobleme, die bis auf das Endprodukt durchschlagen können. Der Trend geht daher zu langfristigen Partnerschaften mit einer begrenzten Anzahl qualifizierter Lieferanten. Als Qualitätsmanager sollten Sie dafür sorgen, dass bei der Auswahl und der weiteren Zusammenarbeit mit den Lieferanten neben dem Preis auch die Qualitätsfähigkeit eine entscheidende Rolle spielt. Teilen Sie Ihre Lieferanten in Qualitätsfähigkeitsklassen ein: A für Vorzugslieferanten, B für gute, C für entwicklungsbedürftige Lieferanten und D für jene, die künftig bei Vergaben nicht mehr berücksichtigt werden sollen.

Qualität im Lieferantenmanagement: Diese Fragen müssen Sie sich stellen

- Welche Lieferanten haben großen Einfluss auf die Qualitätsfähigkeit unserer Prozesse oder Produktqualität?
- Welche Anforderungen muss ein neuer Lieferant erfüllen, um probeweise zugelassen zu werden?
- Welche Unterlagen muss ein Lieferant vorlegen, um nachzuweisen, dass er die Anforderungen erfüllt?
- Welche Lieferanten müssen aus welchen Anlässen auditiert werden und zu welchen Themen?
- Wie erfassen und analysieren wir Informationen zur Produkt- und Lieferqualität unserer Lieferanten? Wie lassen wir diese Informationen in die Bewertung der Lieferanten einfließen?

- Welche Kriterien muss ein Lieferant erfüllen, damit wir ihn als Vorzugslieferant einer der Klassen A-, B- oder C-Lieferant zuordnen?
- Welche Regelungen vereinbaren wir vertraglich mit unseren Lieferanten zu deren Qualitätsmanagement, um Qualitätsproblemen vorzubeugen, Wareneingangsprüfungen auf ein Minimum zu begrenzen und Probleme möglichst schnell abzustellen?
- Wie gehen wir vor, um Lieferanten bei Qualitätsverbesserungen zu unterstützen?

Qualität in operativen Beschaffungsprozessen managen

Die Intensität, mit der die Beschaffungsprozesse im laufenden Tagesgeschäft überwacht werden müssen, hängt von der Qualitätsfähigkeit der Lieferanten und dem Vertrauensniveau ab, das sie sich durch fehlerfreie Lieferungen aufbauen konnten. Zwei Fragen sind dabei besonders zu beachten:

1 Wie wird sichergestellt, dass Bestellvorgaben vollständig und fehlerfrei an Lieferanten versendet werden?

2 Welche Zulieferprodukte sind im Wareneingang in welcher Tiefe und in welchem Umfang zu prüfen?

Die Auslegung der Wareneingangsprüfung ist dabei besonders interessant. Menge, Identität und Unversehrtheit der Lieferung sind unbedingt zu prüfen, um Gewährleistungsansprüche geltend machen zu können. Welche Kontrollen welcher Qualitätsmerkmale mit welchen Mitteln zudem sinnvoll sind, legen Prüfplänen für den Wareneingang fest.

Null-Fehler-Produktion

Wenn alle Produktionsprozesse während der Entwicklung bis zur Produktionsreife gebracht wurden und den Prozessfähigkeitsnachweis erhalten haben, dann gilt es im laufenden Produktionsgeschäft, das Qualitätsniveau zu halten und zu erhöhen. Dabei steht oft die Qualifikation der Mitarbeiter und deren Engagement für Qualität im Vordergrund.

Mitarbeiter: Diese Fragen müssen Sie sich stellen

- Wie gewährleisten wir, dass die Schichten stets mit ausreichendem und qualifiziertem Personal besetzt sind?
- Wie sichern wir, dass Mitarbeiter nur solche Arbeiten ausführen, für die sie nachweislich qualifiziert sind?
- Welche Trainingsmaßnahmen sind erforderlich, um das Wissen der eingewiesenen Mitarbeiter zu den Prozessvorgaben regelmäßig aufzufrischen?
- Wie können wir qualitätsförderliche Arbeitsbedingungen schaffen, indem wir Ordnung und Sauberkeit sicherstellen und Arbeitsplätze ergonomisch gestalten?
- Wie ermöglichen wir Mitarbeitern, bei der Erkennung und Abstellung von Qualitätsproblemen mitzuwirken?

Je technischer das Produkt und je höher der Automatisierungsgrad der Fertigung, umso wichtiger sind die technischen Rahmenbedingungen für Qualität in der Produktion.

Rahmenbedingungen für die Null-Fehler-Produktion: Diese Fragen müssen Sie sich stellen
▪ Wie inspizieren und warten wir Maschinen, Werkzeuge und Anlagen, um deren Qualitätsfähigkeit zu erhalten? ▪ Wie häufig müssen wir unsere Mess- und Prüfmittel kalibrieren? Wie kennzeichnen wir die Messgenauigkeit? ▪ Wie und in welchen Abständen überwachen wir die Prozesse, um sicherzustellen, dass sie planmäßig durchgeführt werden und konstante Ergebnisse liefern? ▪ Wie können wir Produkte in Produktion und Lager vor Beschädigungen schützen? ▪ Wie kennzeichnen und behandeln wir fehlerhafte Produkte, damit sie nicht versehentlich verbaut oder ausgeliefert werden? ▪ Wie zeichnen wir Prozessparameter und Prüfdaten zum Nachweis unserer Qualität auf? ▪ Wie erfassen wir Fehlerhäufigkeiten und wie werten wir Prüfdaten aus, um Verbesserungen einzuleiten?

Qualität im Kundenkontakt

Qualitätsmanagement ist traditionell eher technisch geprägt. Mittlerweile spielt jedoch der Umgang mit dem Kunden eine immer größere Rolle – vor allem, wenn der Dienstleistungsanteil im Angebot wächst. Die Tätigkeiten des Qualitätsmanagements im kundennahen Bereich reihen sich entlang einer Prozesskette, die auch unter der Bezeichnung Kundenbeziehungsmanagement bekannt ist oder im Englischen als Customer Relationship Management.

Qualität im Umgang mit Kunden:
Diese Fragen müssen Sie sich stellen

- Wie gewährleisten wir, dass die Vertriebsmitarbeiter die Bedürfnisse und Erwartungen des Kunden verstehen?
- Wie stellen wir sicher, dass unsere Vertriebsmitarbeiter unseren Kunden nur Produktmerkmale versprechen, die wir tatsächlich erfüllen können? Wer muss bei der Prüfung von Prospekten und Angeboten gegenzeichnen?
- Wie sorgen wir dafür, dass unsere Mitarbeiter in Entwicklung und Produktion genau verstehen, was der Vertriebsmitarbeiter dem Kunden versprochen hat?
- Wie stellen wir sicher, dass Änderungswünsche des Kunden transparent festgehalten und an allen betroffenen Stellen im Unternehmen bekannt gemacht werden?
- Wie können wir es dem Kunden möglichst einfach machen, den richtigen Ansprechpartner zu Fragen während und nach der Auftragsabwicklung zu finden?
- Wie erfassen und bearbeiten wir Kundenreklamationen, und wie lernen wir aus ihnen? Können wir diese nutzen, um die Beziehung zum Kunden zu intensivieren?

Qualitätsmanagement-Systeme und die DIN ISO 9001

Unternehmen, die über ein gutes Qualitätsmanagementsystem verfügen, können sich gemäß DIN ISO 9001 zertifizieren lassen. Wie die Zertifizierung genau vor sich geht und was geprüft wird, lesen Sie im folgenden Abschnitt.

Die DIN ISO 9000-Normenreihe

Die DIN EN ISO 9000 ff. ist die bedeutendste internationale Normenreihe zum Thema Qualitätsmanagementsysteme:

- Die ISO 9000 legt Grundlagen und Begriffe zu Qualitätsmanagementsystemen fest.
- Die ISO 9001 listet Anforderungen auf, die ein Qualitätsmanagementsystem mindestens erfüllen muss, um dem Stand der Technik zu entsprechen.
- Die ISO 9004 ist ein Leitfaden zum Aufbau und zur Verbesserung eines Qualitätsmanagementsystems. Sie gibt Interpretationshilfen und Anregungen zur ISO 9001.

Was fordert die ISO 9001?

Die ISO 9001 entstand ursprünglich aus Standardforderungen der Automobilindustrie an ihre Lieferanten. Heute ist sie branchenübergreifend für alle Arten von Produktions- und Dienstleistungsunternehmen gültig. Darüber hinaus gibt es eine Reihe branchenspezifischer Standards, die weiterführende Forderungen enthalten und oft konkreter formuliert sind, wie z. B. die TS 16949 für die Automobilindustrie.

Norm legt fest, was getan wird, aber nicht wie

Inhaltlich fordert die ISO 9001, dass das Unternehmen bestimmte Prozesse und Tätigkeiten nach festgelegten Verfahren durchführt, Verantwortlichkeiten für qualitätsrelevante Tätigkeiten festlegt und die erforderlichen Mittel bereitstellt.

Die ISO 9001 fordert, dass Tätigkeiten durchgeführt werden müssen und was dabei zu beachten ist. Sie schreibt nicht vor, wie vorzugehen ist.

- Im Kapitel „Verantwortung der Leitung" sind Forderungen an die Unternehmensleitung zusammengefasst.
- „Management der Ressourcen" beschreibt, was für die Bereitstellung von qualifiziertem Personal und qualitätsfähigen Betriebsmitteln gilt.
- „Produktrealisierung und Dienstleistungsbringung" bezieht sich auf die Geschäftsprozesse des Unternehmens.
- Auch zum Thema „Messen, Analysieren und Verbessern" fordert die ISO 9001 entsprechende Tätigkeiten.

Wie Sie das System aufbauen

Zum Qualitätsmanagementsystem gehören alle Rahmenbedingungen zur Sicherung von Produktqualität. Hat sich ein Unternehmen entschieden, ein solches System aufzubauen, folgt eine Analyse des Status quo. Dann geht darum, wie es bis zu einem Zwischenziel, z. B. zur Zertifizierung, ausgebaut wird, und um die kontinuierliche Weiterentwicklung.

Entscheidung und Planung begründen das Projekt

Eine klare Entscheidung der Unternehmensführung ist für den Erfolg eines Qualitätsmanagementsystems von entscheidender Bedeutung. Das einfachste Argument für seine Einführung ist der Druck durch Kunden, die einen Nachweis für die Qualitätsfähigkeit des Unternehmens fordern, z. B. in Form eines Zertifikats. Das kann aber zum Stolperstein werden, wenn sich das Interesse nur darauf richtet, dieses Zertifikat mit möglichst wenig Aufwand zu erlangen – vorbei am Ziel der Qualitätsverbesserung oder Risikominderung. Besser ist es, die Entscheidung mit Zahlen und Fakten zu Qualitätsproblemen und -risiken zu begründen. In der folgenden Planungsphase werden das Projekt und die Struktur des Qualitätsmanagementsystems festgelegt.

System- und Projektplanung: Diese Fragen müssen Sie sich stellen

- Aus welchen Bausteinen besteht das Qualitätsmanagementsystem? Welche Prozesse gehören dazu?
- Was existiert schon? Was muss entwickelt werden?
- Wie soll das Qualitätsmanagementsystem beschrieben werden? Welche Dokumententypen sind erforderlich?
- Wie kann ich das Projektziel möglichst eindrucksvoll an Führungskräfte und Mitarbeiter vermitteln?
- Wer wird Projektleiter? Wie setzt sich der Entscheidungskreis für das Projekt zusammen? An welchen Meilensteinen nimmt er Zwischenergebnisse ab?
- Welche Arbeitspakete sind in welcher Reihenfolge abzuarbeiten? Welche Arbeitspakete sollte ich vorziehen, um schnelle Erfolge zu erzielen?
- Wer kann die Verantwortung für die Arbeitspakete übernehmen und wer sollte mitwirken?
- Wie kann ich das Projekt bekannt machen und wirkungsvoll anstoßen?

Organisieren Sie Arbeitspakete und setzen Sie sie um

Nach der Planung beginnt die Arbeit am System selbst. Im Mittelpunkt stehen dabei folgende Arbeitspakete:

- Definition von Qualitätspolitik, -strategie und -zielen,
- Beschreibung des Gesamtsystems im späteren Qualitätsmanagementhandbuch des Unternehmens,
- Benennung eines Qualitätsbeauftragten sowie die Einrichtung einer Qualitätsorganisation,
- Entwicklung und Beschreibung aller qualitätsrelevanten Prozesse,
- Definition und Erfassung von Qualitätskennzahlen.

Jedes Arbeitspaket beginnt mit einer Analyse, in der alle bestehenden Dokumente und Regelungen zum Thema zusammengetragen werden. Ziel ist, auf diesen Schriftstücken aufzusetzen und nicht Bestehendes neu zu erfinden. Außerdem werden Meilensteine festgelegt, um Zwischenergebnisse abzustimmen. Am Ende jedes Arbeitspakets steht die Prüfung auf Konformität mit der ISO 9001.

Damit liegen Dokumente vor, die Teile des Qualitätsmanagementsystems beschreiben und eine Reihe neuer Regelungen enthalten. Nun gilt ist es, diese Informationen zu verteilen und allen bekannt zu machen, die mit der Umsetzung zu tun haben. Danach geht es vordinglich darum, die neuen Regelungen mit Leben zu füllen, ihre Einhaltung zu überwachen und bei Bedarf Anpassungen vorzunehmen.

Beispiel: Planung und Umsetzung
Ein Maschinenbauunternehmen gliedert seinen Entwicklungsprozess erstmals in Phasen und führt an deren Ende Qualitätsbewertungen, Erstmusterprüfungen, Produktvalidierungen und Serienfreigaben ein. Dafür lässt der Entwicklungsleiter zwei Pilotprojekte durchführen und nach erfolgreichem Abschluss alle betroffenen Entwickler schulen.

Eine bedeutende Rolle kommt in der Umsetzungsphase den Qualitätsaudits zu. Diese werden von Qualitätsmanagern geplant und von internen Auditoren durchgeführt. Sie dienen dazu, das System und die Prozesse daraufhin zu überprüfen, ob sie die neu eingeführten Regelungen erfüllen. Mit Abschluss dieser Phase ist das Projekt zum Aufbau eines Qualitätsmanagementsystems beendet. Wenn dessen Zertifizierung geplant war, z. B. nach ISO 9001, kann diese an dieser Stelle angestoßen werden.

Kontinuierliche Verbesserung

Im Abschluss stehen die Wirksamkeit des Qualitätsmanagementsystems und seine Effizienz im Mittelpunkt. Die ISO 9001 sieht eine regelmäßige Systembewertung vor. Zu diesem Zweck fasst der Qualitätsbeauftragte unter anderem Qualitätskennzahlen, Kundenreklamationen und die Ergebnisse von Qualitätsaudits zusammen, schließt auf Schwachstellen und schlägt der Unternehmensleitung Projekte vor.

Dokumentation des Systems

Qualitätsmanagementsysteme sind überwiegend immaterieller Natur und für Kunden, Mitarbeiter und Qualitätsmanager schwer zu durchschauen. Eine übersichtliche Darstellung hilft bei der internen und externen Vermittlung.

Legen Sie ein Handbuch an

Das Qualitätsmanagementhandbuch enthält alle Dokumente mit Regelungen zu qualitätsrelevanten Prozessen, Verfahren und Verantwortlichkeiten und wird damit Teil des Organisationshandbuchs. Organigramme beschreiben die Qualitätsorganisation und ordnen sie fachlich und disziplinarisch in das Stellengefüge des Unternehmens ein. Funktions- und Stellenbeschreibungen ermöglichen, qualitätsrelevante Tätigkeiten dauerhaft im Aufgabengefüge zu verankern. Folgende Dokumententypen eignen sich, um eine Qualitätsmanagementdokumentation aufzubauen:

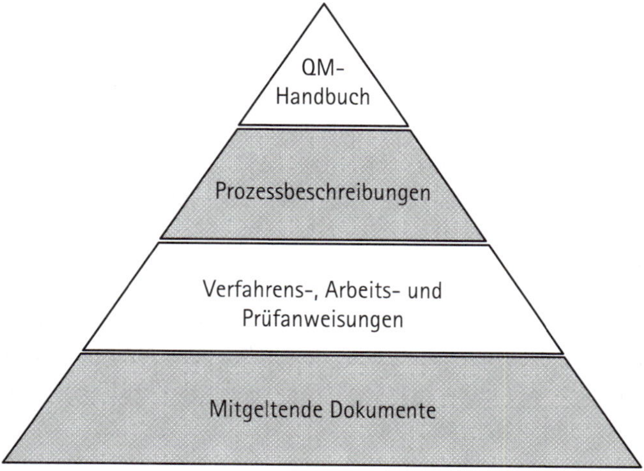

Qualitätsmanagement Dokumentation

- Mit Prozessbeschreibungen und Verfahrensanweisungen machen Sie arbeitsplatzübergreifende Arbeitsabläufe transparent.
- Arbeits- und Prüfanweisungen regeln arbeitsplatzspezifische Aufgaben und Abläufe.
- Unter mitgeltende Unterlagen fallen alle übrigen Dokumententypen, die weitere qualitätsrelevante Informationen enthalten, z. B. Richtlinien, Normen, Verordnungen und Gesetze.

Zertifizierung nach DIN ISO 9001

Wenn Sie ein Qualitätsmanagementsystem aufgebaut und dokumentiert haben, dann können Sie sich von einer neutralen Stelle bestätigen lassen, dass Ihr System die Anforderungen einer oder mehrerer Normen zu Qualitätsmanagementsystemen erfüllt, z. B. die Forderungen der ISO 9001.

Wer braucht eine Zertifizierung?

In einigen Branchen sind Zertifikate nach ISO 9001 oder anderen Normen gesetzlich vorgeschrieben. Automobilhersteller z. B. dürfen heute ohne ein solches Zertifikat keine Autos in Europa verkaufen.

Voraussetzung für Zulieferbetriebe

In der Zulieferindustrie ist das Zertifikat an vielen Stellen zur Voraussetzung geworden, da die Kunden einen Nachweis für die Qualitätsfähigkeit der Lieferanten verlangen. In anderen

Branchen ist die ISO 9001 so weit verbreitet, dass sie kaum mehr ein vertrauensbildendes Marketinginstrument ist. Dann muss mit Zertifikaten zu weiterführenden Standards gearbeitet werden.

Zertifizierung, um besser zu werden

Unternehmen, die sich aus eigenem Antrieb zertifizieren lassen, nutzen die regelmäßigen Besuche externer Auditoren als Motor, um ihr Qualitätsmanagementsystem aufrecht zu erhalten und weiterzuentwickeln. Dahinter steht das Bedürfnis, Qualitätsrisiken zu mindern und Qualitätsprobleme schon im Ansatz zu vermeiden.

Ablauf einer Zertifizierung

Mittlerweile haben Dutzende von Zertifizierungsgesellschaften vom deutschen Akkreditierungsrat eine Zulassung erhalten, die nur für bestimmte Branchen gültig ist. Die aktuelle Liste dieser Stellen finden Sie auf der Internetseite des deutschen Akkreditierungsrats (www.dar.bam.de).

■ *Achten Sie bei der Auswahl der Zertifizierungsgesellschaft auf die Qualifikation der Auditoren. Diese sollten Ihr Geschäft möglichst genau kennen und sich den Blick für das Wesentliche erhalten haben. Der interne Nutzen der Zertifizierung hängt stark von deren Qualifikation und dem Wert ihrer Ratschläge ab. Sollten Sie nicht zufrieden sein, so dürfen Sie nach einem anderen Auditoren verlangen.* ■

Was wird beim Zertifizierungsaudit geprüft?

Der Weg zum Zertifikat für ein Qualitätsmanagementsystem ähnelt in vielem dem Weg zur Hauptuntersuchungsplakette für einen PKW. Sie führen erst Ihr Qualitätsmanagementhandbuch und dann Ihr Unternehmen einem oder mehreren externen Prüfern vor, die mithilfe einer Checkliste Schwachstellen erkennen, Empfehlungen geben oder Auflagen erteilen. Im günstigen Fall werden die Auditoren das Unternehmen unmittelbar zu Zertifikatserteilung vorschlagen. Im ungünstigen Fall müssen Sie im Rahmen eines Nachaudits beweisen, dass Sie die Auflagen erfüllen. Am Ende wird das Zertifikat als Bestätigung erteilt, dass das Unternehmen bestimmte Normforderungen erfüllt, z. B. die der ISO 9001. Wie lange die Audits dauern und wie viele Auditoren benötigt werden, hängt von der Größe des Unternehmens ab.

Zertifikat aufrecht erhalten

Um das Zertifikat aufrecht zu erhalten, muss das gleiche Vorgehen alle drei Jahre wiederholt werden. Bis dahin sind jedoch zusätzlich noch mindestens zwei jährliche Auffrischungsaudits erforderlich, um das Zertifikat zu erhalten. Anders als bei der Hauptuntersuchung eines PKW können Sie das Zertifikat jederzeit auslaufen lassen, sofern dieses nicht in Ihrer Branche gesetzlich vorgeschrieben ist.

Total Quality Management – eine Einführung

Total Quality Management – kurz TQM genannt – ist eine Managementmethode, die vor allem zwei Dinge in den Mittelpunkt stellt: Qualität und alle Interessenpartner des Unternehmens. Mit anderen Worten: Der Übergang vom Qualitätsmanagement zu TQM ist der Übergang von der Produktqualität zur Unternehmensqualität.

Vom Qualitätsmanagement zum TQM

Unternehmen haben schon immer in einer sich wandelnden Umgebung und mit knappen Ressourcen wirtschaften müssen. In den letzten Jahrzehnten aber ist das Umfeld deutlich dynamischer geworden. Altbewährte Managementkonzepte stoßen angesichts des demografischen Wandels, neuer Technologien, dramatischer Veränderungen in Wirtschaftsregionen und Märkten etc. immer schneller an ihre Grenzen.

Die Komplexität des Umfelds erfordert entsprechende Antworten bei der Unternehmensführung. Total Quality Management (TQM) zeichnet sich dadurch aus, dass es wichtige Interessenpartner einer Organisation identifiziert und auf deren Bedürfnisse Rücksicht nimmt. Gegenüber anderen Managementmethoden stellt TQM einen ganzheitlichen und damit am besten ausgewogenen Ansatz dar.

▪ *TQM ist eine auf der Mitwirkung aller Mitarbeiter basierende Managementmethode einer Organisation, die Qualität in den Mittelpunkt stellt und durch Zufriedenstellung der Kunden auf langfristigen Geschäftserfolg sowie auf Nutzen für die Mitglieder der Organisation und für die Gesellschaft zielt.* ▪

Interessenpartner stehen im Mittelpunkt

Um langfristig am Markt zu bestehen, muss eine Organisation mehr tun, als die Qualitätsforderung seiner Kunden zu erfüllen. Vielmehr gilt es, auch die Ansprüche anderer Interessenpartner, englisch Stakeholder, zufrieden zu stellen.

Wer gehört zu den Stakeholdern?

Die Interessen der einzelnen Gruppen sind sehr verschieden und können sich durchaus widersprechen. Kunden fragen u. a. Produkte nach, die ihre Ansprüche erfüllen. Die Lieferanten haben ein Interesse an vernünftigen Preisen und verlässlichen, längerfristigen Beziehungen. Mitarbeiter wünschen sich einen sicheren Arbeitsplatz und eine Entlohnung, die ihnen einen angemessenen Lebensstandard ermöglicht. Kapitalgeber dagegen wollen eine hohe Verzinsung ihres Investments, die üblicherweise durch positive Geschäftsergebnisse der Organisation ermöglicht wird. Auch die Gesellschaft, z. B. die jeweilige Gemeinde, in der das Unternehmen angesiedelt ist, hat Interessen gegenüber der Organisation: Sie soll Steuern zahlen, Arbeitsplätze in der Region schaffen und schonend mit den natürlichen Ressourcen umgehen.

Unternehmensqualität rückt in den Vordergrund

Es leuchtet ein, dass eine Organisation auf die Dauer nicht gegen die Interessen dieser Stakeholder handeln kann, ohne den Geschäftserfolg zu gefährden. Wer ständig neue Mitarbeiter oder Lieferanten suchen und einbinden muss, verschleudert Ressourcen. Und ein schlechtes Image in der Öffentlichkeit treibt die Marketingkosten in die Höhe.

Nachhaltiger Gewinn und Verantwortungsbewusstsein schließen einander nicht aus – in einer modernen Gesellschaft bedingen sie sich. Der Übergang vom Qualitätsmanagement zum TQM bedeutet damit den Übergang von der Produkt- zur Unternehmensqualität.

Ein Modell für Exzellenz

Um das Konzept des TQM zu verdeutlichen, hat die European Foundation for Quality Management (EFQM) das so genannte Modell für Exzellenz (EFQM-Modell) entwickelt. Es geht davon aus, dass eine Führungsmannschaft mithilfe der Mitarbeiter die Politik und Strategie einer Organisation nachhaltig umsetzt. Durch gut geführte Prozesse entstehen Produkte, die im Markt erfolgreich sind und zu Geschäftsergebnissen führen, die alle Interessenpartner begeistern.

Den Rahmen des Exzellenz-Modells bilden neun Kriterien, die sich in zwei Gruppen aufteilen: in fünf Befähiger und vier Ergebnisse. Zu jedem Kriterium gehören Teilkriterien, die die Aussagen weiter erläutern. Die Prozentzahlen geben an, welches Gewicht das einzelne Kriterium hat. Das Modell wird in unregelmäßigen Abständen überarbeitet. Hier wird der derzeit aktuelle Stand von 2003 berücksichtigt.

Die Befähiger beschreiben, was eine Organisation selbst veranlassen kann, die Ergebnisse stellen sich als Folge dieser Tätigkeiten ein und werden im Nachhinein ermittelt. Sie ermöglichen Rückschlüsse darauf, wie die Tätigkeiten in der Organisation künftig weiterzuentwickeln sind. Innovation und Lernen sind wesentliche Bestandteile des EFQM-Modells.

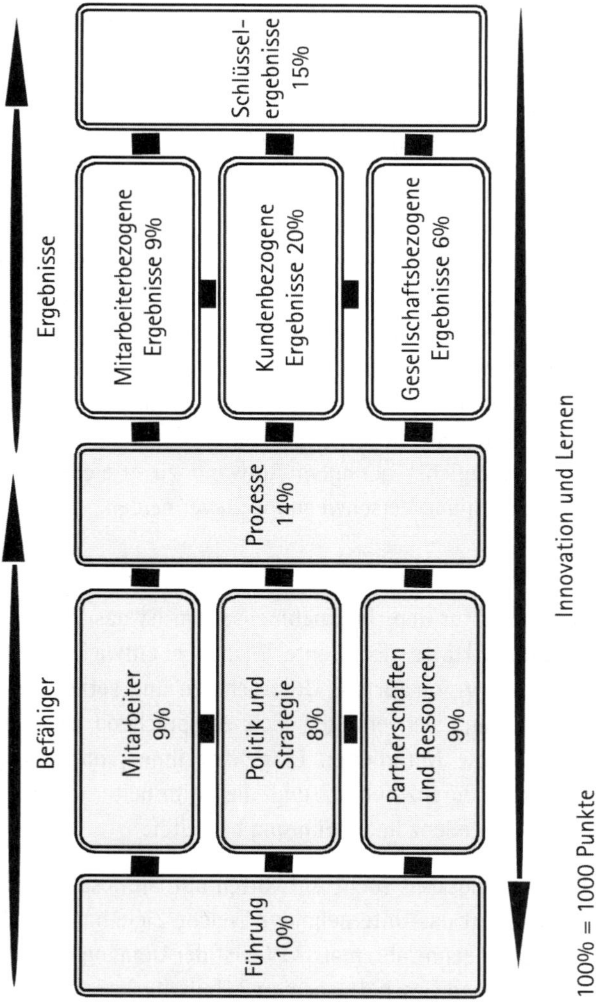

Exzellenzmodell

Befähiger: Was Sie selbst tun können

Die fünf Befähigerkriterien erfassen Tätigkeiten, die im Unternehmen stattfinden und die deshalb von diesem direkt beeinflusst und gestaltet werden können.

Die Kriterien „Führung" und „Politik und Strategie" wirken auf die Effektivität („Tun wir die richtigen Dinge?"). Hierbei müssen Vision und Ziele auf Kunden und Interessenpartner ausgerichtet werden. Außerdem sollen die Führungskräfte dafür sorgen, dass alle Mitarbeiter diese Ziele kennen und gemeinsam verfolgen. Die Kriterien „Mitarbeiter", „Partnerschaften und Ressourcen" und „Prozesse" beeinflussen die Effizienz („Tun wir die Dinge richtig?"). Es geht darum, die Ziele mit möglichst geringem Aufwand zu erreichen, also Fehlleistungen und Verschwendung zu vermeiden.

1. Kriterium: Führung

Entscheidend für den Unternehmenserfolg ist das Verhalten der Führungskräfte. Exzellente Manager entwickeln eine Mission und Vision für das Unternehmen und setzen sie in die Praxis um. Sie verhalten sich entsprechend und sind Vorbild für die Mitarbeiter. Es gelingt ihnen, notwendige Neuerungen durchzuführen und die Mitarbeiter dafür zu gewinnen. Exzellenz in der Führung bedeutet:

- Der Führungskreis sucht Antworten auf Grundsatzfragen: Wofür steht das Unternehmen? Welche Ziele hat es? Wie sieht es in zehn Jahren aus? Wie ist der Umgang mit Mitarbeitern und Geschäftspartnern? (Teilkriterium 1a)

- Die Führungskräfte wirken bei der Entwicklung, der Umsetzung und der kontinuierlichen Verbesserung des Managementsystems ihrer Organisation mit, leiten z. B. Strategiearbeitskreise, führen Diskussionsrunden mit Mitarbeitern und arbeiten in Qualitätszirkeln (1b).
- Zu Kunden, Partnern und Vertretern der Gesellschaft pflegen sie ein persönliches Arbeitsverhältnis. Dazu gehören etwa regelmäßige Treffen mit der Geschäftsleitung von Kundenfirmen, Lieferanten oder Banken (1c).
- Zusammen mit den Mitarbeitern schaffen sie eine Kultur der Exzellenz im Unternehmen. Sie vermitteln persönlich die Unternehmensvision und sind für die Mitarbeiter erreichbar. Sie helfen ihnen bei der persönlichen und beruflichen Entwicklung und fördern Chancengleichheit und kulturelle Vielfalt (1d).
- Das Management muss Veränderungen im Markt rechtzeitig erkennen und das Unternehmen gemeinsam mit den Mitarbeitern neu ausrichten. (1e)

Wichtig ist, dass die Führungskräfte hinter dem Konzept des TQM stehen, die Notwendigkeit für einen Wandel erkennen und ihn erfolgreich durchführen.

Beispiel für eine exzellente Führungskultur

Eine Getriebefabrik hat ihre Mission und Vision in Unternehmensleitlinien beschrieben. Die Führungskräfte überprüfen sie jährlich auf ihre Gültigkeit. Auf Bewertungs- und Strategieworkshops werden Verbesserungs- und Lernprozesse organisiert.

Führung: Diese Fragen müssen Sie sich stellen

- Was ist unsere Mission, unsere Aufgabe?
- Welche Vision verfolgt unser Unternehmen? Welche Werte pflegen wir und wie gehen wir miteinander um?
- Wie begegnen wir unseren Kunden und Partnern?
- Beziehen wir Kunden und Partner frühzeitig in Prozesse ein, um die Erwartungen zu klären?
- Identifizieren wir regelmäßig den Veränderungsbedarf im Unternehmen, um am Markt zu bestehen?
- Wurden alle Mitarbeiter über Mission, Vision und Werte informiert? Haben sie diese verstanden? Teilen sie sie, können sie sich damit identifizieren?
- Informieren wir die Mitarbeiter über Veränderungen? Stellen wir die notwendigen Mittel zur Verfügung?
- Schulen wir Mitarbeiter, damit diese die Arbeit des Unternehmens als „Landschaft" von Prozessen sehen?
- Ist für jeden Prozess ein Verantwortlicher festgelegt?
- Ermutigen wir Mitarbeiter, damit diese an Qualitätszirkeln etc. teilnehmen?

2. Kriterium: Politik und Strategie

Eine Vision ist zunächst nur ein Wunschbild für die Zukunft. Exzellente Organisationen setzen sie in eine Politik, eine Strategie und in Ziele um, die auf die Interessengruppen ausgerichtet sind. Außerdem gilt es, die Märkte und Branchen zu berücksichtigen, in denen die Organisation tätig ist. Um Visionen zu verwirklichen, sind zwei Schritte notwendig:

- Das Management erarbeitet eine Unternehmenspolitik, die allgemeine Aussagen darüber enthält, wie sich das Unternehmen positionieren und mit seinen Interessenpartnern umgehen will.
- Die Frage, wie die Vision nach und nach Wirklichkeit wird, ist Inhalt der Strategie. Sie enthält konkrete kurz- und mittelfristige Aufgaben.

Zwischen Vision, Politik, Strategie und Zielen dürfen keine Widersprüche bestehen, sonst ist das Unternehmen unglaubwürdig. Dabei ist es sinnvoll, Folgendes zu beachten:

- Politik und Strategie berücksichtigen nicht nur jetzige, sondern auch künftige Bedürfnisse und Erwartungen der einzelnen Interessengruppen (Teilkriterium 2a).
- Grundlage sind gesicherte Informationen aus internen und externen Untersuchungen, insbesondere in Form von Leistungskennzahlen (2b).
- Politik und Strategie werden in angemessenen Abständen bewertet und aktualisiert (2c).
- Außerdem werden sie den Mitarbeitern vermittelt und Schlüsselprozesse so gestaltet, dass die Ziele, die aus der Strategie abgeleitet werden, erreichbar sind. Mit Schlüsselprozessen werden wichtige Ziele erreicht, ihre Ergebnisse nennt man Schlüsselergebnisse (2d).

Auf der Grundlage dieser Strategie werden Ziele, d. h. der Umfang und die Termine der Aufgaben, festgelegt.

Beispiel für die Entwicklung einer Strategie

Ein Tagungshotel sammelt für seine strategische Planung regelmäßig Informationen zu Kunden, Geschäftsergebnisse, Lieferanten und Gesellschaft. Es führt z. B. Kundenzufriedenheits- und Lieferantengespräche durch, befragt seine Mitarbeiter und besucht Fachmessen. Aus den Ergebnissen entsteht eine dreistufige Strategie: Die „Spielkultur" steht für die langfristigen, nicht quantifizierten Unternehmensziele. Ein „Periodenplan" beschreibt die mittelfristigen Unternehmensziele. Der „Jahreszielplan" enthält die kurzfristigen quantitativen und qualitativen Ziele.

Politik und Strategie: Diese Fragen müssen Sie sich stellen
▪ Sammeln wir regelmäßig Informationen über den heutigen und zukünftigen Markt? ▪ Versuchen wir, die künftigen Marktentwicklungen und die Aktivitäten der Mitbewerber abzuschätzen? ▪ Bilden wir Kennzahlen zur Leistungsfähigkeit bezüglich der Kosten, der Zeit und der Qualität? ▪ Mit welchen Organisationen oder Wettbewerbern wollen wir uns vergleichen? ▪ Auf welchen unserer Tätigkeitsgebieten sind wir stark, auf welchen verbesserungsbedürftig? ▪ Verfügt unser Unternehmen über eine klare Unternehmenspolitik und Strategie? ▪ Was sind unsere kurz- und mittelfristigen Ziele? ▪ Welches sind die Schlüsselprozesse in unserem Unternehmen?

3. Kriterium: Mitarbeiter

Für Unternehmen, die nach dem Exzellenz-Modell handeln, ist Mitarbeiterorientierung kein leeres Schlagwort. Sie entwickeln und nutzen das gesamte Potenzial ihres Personals auf der Individual-, Team- und Organisationsebene. Fairness und Chancengleichheit gehören zur Firmenkultur – Mitarbeiter werden an der Weiterentwicklung ihres Arbeitsumfelds beteiligt und zum Handeln ermächtigt. Die Organisation sorgt für die Mitarbeiter, lässt ihnen die nötigen Informationen zukommen, würdigt ihre Leistungen und belohnt sie in einer motivierenden Weise.

Der wachsende Anteil an Migranten mit einem unterschiedlichen ethnischen und kulturellen Hintergrund zeigt sich bereits an den Schulen und wird sich in den nächsten Jahren im Arbeitsleben fortsetzen. Daher sollte unter dem Kriterium „Mitarbeiter" auch diese Entwicklung berücksichtigt werden.

Diese Maßnahmen fördern die Selbstverpflichtung der Mitarbeiter, ihre Fähigkeiten und ihr Wissen zum Vorteil des Unternehmens einzusetzen:

- Der Personalbedarf wird bezüglich der Zahl und der Qualifikation geplant und gesteuert (Teilkriterium 3a).
- Das Unternehmen erfasst die Fähigkeiten und die Befugnisse seiner Mitarbeiter und entwickelt diese weiter (3b).
- Die Mitarbeiter sind am Unternehmensgeschehen beteiligt und zu selbstständigem Handeln ermächtigt (3c).
- Es findet regelmäßiger Informationsaustausch statt (3d).

- Die Mitarbeiter erhalten Anerkennung, Belohnung und Betreuung (3e).

Beispiel: exzellente Mitarbeiterförderung

Ein Hersteller von Warmwassergeräten hat für jeden Arbeitsplatz eine Tabelle angelegt. Daraus geht sowohl die Qualifikation, die für den Arbeitsplatz erforderlich ist, als auch das Qualifikationsprofil der dort Beschäftigten hervor. So wird ein etwaiger Weiterbildungsbedarf erkennbar, aber auch die Befähigung der Mitarbeiter, etwa an anderen höherwertigen Arbeitsplätzen eingesetzt zu werden.

Mitarbeiter: Diese Fragen müssen Sie sich stellen

- Enthalten Politik und Strategie Aussagen zu den Mitarbeitern?
- Sind Mitarbeiter oder deren Vertreter an der Entwicklung der Personalpolitik oder -strategie beteiligt?
- Verfügen wir über eine Personalplanung (Mitarbeiterzahl, Vertretungs- und Nachfolgeregelungen)?
- Fließen die Ergebnisse von Mitarbeiterbefragungen in unsere Personalstrategie ein?
- Erfassen wir systematisch die Qualifikation unserer Mitarbeiter und gleichen wir diese mit den Anforderungen der Arbeitsplätze ab?
- Haben wir Programme zur gezielten Weiterbildung?
- Gibt es geeignete Kommunikationswege nach oben, nach unten und auf gleicher Ebene?
- Beurteilen wir unsere Mitarbeiter systematisch bezüglich ihres Verhaltens und ihrer Arbeitsergebnisse?
- Erhalten sie Anerkennung für gute Leistungen?

- Stehen den Mitarbeitern genügend Ressourcen für ihre Tätigkeiten zur Verfügung?
- Berücksichtigen wir bei der Förderung von Aktivitäten unterschiedliche ethnische Hintergründe?

4. Partnerschaften und Ressourcen

Externe Partnerschaften und interne Ressourcen stellen eine wichtige Basis für die Unterstützung der Unternehmenspolitik und -strategie dar. Externe Partner sind im Wesentlichen Lieferanten, Vertriebspartner und Kreditinstitute, aber auch Unternehmen, die Dienstleistungen wie Instandhaltung, Reinigung oder Transporte anbieten, sowie Fachverbände. Mit den internen Ressourcen sind hauptsächlich die finanziellen Mittel, Gebäude, Materialbestände, Informationssysteme und das vorhandene Fachwissen, also das Wissenskapital, gemeint.

Exzellente Unternehmen sorgen durch einen planvollen Einsatz der Partnerschaften und Ressourcen für einen Ausgleich zwischen den Bedürfnissen der Organisation und ihrer Interessenpartner.

- Externe Partner wie Lieferanten, Banken, Verbände und öffentliche Stellen werden systematisch gepflegt, z. B. durch regelmäßigen Informationsaustausch und persönliche Besuche (Teilkriterium 4a).
- Das Unternehmen plant die Finanzen bezüglich Beschaffung und Einsatz sorgfältig (4b).

- Gebäude, Einrichtungen und Material werden sorgfältig behandelt und instand gehalten (4c).
- Der Einsatz von Technologie erfolgt wirtschaftlich und strategisch sinnvoll (4d).
- Informationen und Wissen werden systematisch erfasst und ausgebaut (4e).

Beispiel: Pflege von Partnerschaften

Ein Unternehmen aus dem Gesundheitsbereich erfasst seine Schlüsselpartner systematisch und legt die jeweilige Betreuungsintensität fest:

Partner	Aktivitäten
Krankenhäuser, niedergelassene Ärzte	Quartalsweise Durchführung von patientenbezogenen Fallbesprechungen, halbjährliche Einladung zu einrichtungsübergreifenden Veranstaltungen, jährliche Kontakte
Krankenkassen, Pflegekassen	Quartalsweise/monatliche persönliche Kontakte zur Weiterentwicklung qualitätsrelevanter Themen und eines selbstentwickelten Pflegesystems. Halbjährliche schriftliche Information zu relevanten Themen; halbjährliche Einladung zu einrichtungsübergreifend organisierten Veranstaltungen
Lieferanten, Branchenpartner	Regelmäßige, je nach Bedeutung des Partners mindestens jährliche Kontakte mit dem Ziel der Kooperationsbewertung und Ausschöpfung weiterer Potenziale

Bei den regelmäßigen Treffen mit Schlüsselpartnern steht die gemeinsame Entwicklung einer innovativen Dienstleistung und innovativer Prozesse im Mittelpunkt, beispielsweise die Entwicklung eines Bogens zur Überleitung von Patienten aus dem Akutkrankenhaus in die häusliche Umgebung (mit Krankenhäusern), Entwicklung eines „krustenfreien Brotes" für die Bewohner eines Heimes, zu dem auch eine Bäckerei gehört.

Partnerschaften und Ressourcen: Diese Fragen müssen Sie sich stellen
▪ Bilden wir Partnerschaften entlang der Lieferkette, um die Wertschöpfung für die Kunden zu steigern? ▪ Setzen wir die Kernkompetenzen unserer Partner richtig ein? ▪ Entwickeln wir mit den Partnern neue Denkweisen? ▪ Werden Lagerbestände optimal gestaltet? ▪ Werden Abfälle reduziert und sinnvoll verwertet? ▪ Vermeiden wir unnötige Transporte? ▪ Prüfen wir regelmäßig neue Technologien auf ihre Auswirkungen auf das Unternehmen? ▪ Nutzen wir die Möglichkeiten der Informations- und Kommunikationstechnologie zur Unterstützung und Verbesserung der Prozesse? ▪ Verfügen wir über eine Finanzstrategie? Gibt es eine systematische Finanzplanung und -berichterstattung? ▪ Verfügen wir über eine Finanzkontrolle auf allen Ebenen des Unternehmens? ▪ Haben wir eine Strategie zur Bewirtschaftung von Gebäuden, Einrichtungen und Material?

5. Kriterium: Prozesse

Ziel ist, Kunden und andere Interessengruppen voll zufrieden zu stellen. Damit steigen die Anforderungen an die Prozesse. An deren Ende stehen als Ergebnisse immer Produkte.

- Unternehmen müssen Prozesse systematisch gestalten und führen (Teilkriterium 5a).
- Prozesse werden ständig verbessert (5b).
- Bereits im Produktentwicklungsprozess stehen die Kunden im Mittelpunkt. Ihre Bedürfnisse und Erwartungen bestimmen die Planung und die Entwürfe von Produkten und Dienstleistungen (5c).
- Produkte und Dienstleistungen werden in zuverlässig ablaufenden Prozessen hergestellt und anschließend vermarktet und systematisch betreut (Teilkriterium 5d).
- Das Unternehmen baut Kundenbeziehungen systematisch auf und vertieft sie. Dies betrifft z. B. die Serviceprozesse, den Umgang mit Beschwerden und Kundenbefragungen durch die Vertriebsmitarbeiter (5e).

Das Kriterium „Prozesse" ist sehr komplex und gilt als eine der Säulen des Exzellenz-Modells. Hier ist in der Regel auch das größte Verbesserungspotenzial verborgen.

Als Oberbegriff für diese Tätigkeiten hat sich „Prozessmanagement" durchgesetzt. Es besteht aus vier Phasen:

- Prozessarbeit vorbereiten: Am Anfang steht die Abgrenzung. Wo beginnt und wo endet ein Prozess? Welche Beziehungen bestehen zu anderen Geschäftsprozessen? Dafür gibt es zwei grundsätzliche Möglichkeiten:
  - Alle Tätigkeiten, egal ob durch Menschen oder Maschinen durchgeführt, werden aufgelistet und in eine zeitliche Reihenfolge gebracht. Vor der ersten Tätigkeit

steht z. B. ein Auftrag (Anfangsereignis) und nach der letzten das ausgelieferte Produkt (Endereignis).

– Beim zweiten Ansatz werden Prozesse von vornherein benannt, da sie bereits nach festen Regeln ablaufen.

Beispiel: Prozessbenennung

Ein weit verbreiteter Prozess heißt etwa „Material einkaufen". Er ist Bestandteil eines übergeordneten Prozesses „Produkt herstellen". Andererseits besteht „Material einkaufen" aus einer Vielzahl einzelner Tätigkeiten, die man in Unterprozesse zusammenfassen kann.

Wenn alle Tätigkeiten Prozessen zugeordnet sind, liegt eine so genannte Prozesslandschaft vor.

- Beschreiben und Messen: Ist der Prozess abgegrenzt, ist eine Abbildung, z. B. als Flussdiagramm, möglich. Sie sollte zudem jede Tätigkeit beschreiben: Was wird wie von wem und womit gemacht? Damit wird der Prozess so weit aufgegliedert, dass er nur noch aus überschaubaren Tätigkeiten besteht. Dieser Vorgang heißt Dekomposition.

Beispiel: Beschreibung

Der Einkauf teilt sich weiter auf in „Lieferant auswählen", „Vertragsverhandlungen führen", „Ware annehmen", „Rechnungen begleichen" etc. Auch diese Schritte lassen sich weiter auflösen. So gliedert sich „Lieferant auswählen" in „Mögliche Lieferanten auflisten", „Angeboten einholen", „weitere Informationen suchen" usw.

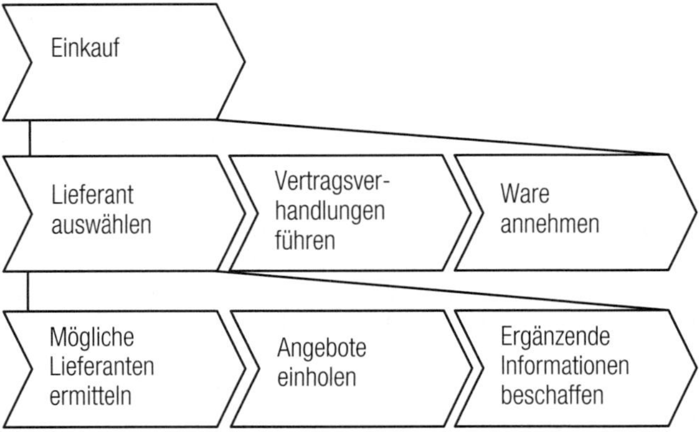

Dekomposition eines Prozesses

Anschließend werden Kennzahlen festgelegt, die die Leistung hinsichtlich Zeit, Kosten und Produktqualität messen, z. B. die mittlere Durchlaufzeit oder die Ausschuss- und Nacharbeitsquote. Dadurch kann ein Verantwortlicher nachträglich feststellen, ob Verbesserungsmaßnahmen erfolgreich waren. Ausgehend vom Ist-Zustand sind für die Kennzahlen Ziele zu definieren.

- Verbessern: Entscheidend ist die Frage, wie ein Prozess grundlegend verändert werden kann, um die gesetzten Ziele zu erreichen (Business Reengineering).
- Lenken und ständig verbessern: Dafür müssen die Kennzahlen laufend überwacht werden und das Management muss gegebenenfalls korrigierend eingreifen. Eine bewährte Methode besteht darin, eine nachfolgende Tätigkeit jeweils als internen Kunden der vorangegangenen zu sehen. In Schnittstellengesprächen können interne Kun-

den und Lieferanten den Prozess dann immer weiter verbessern.

Sinnvollerweise wenden Unternehmen das Prozessmanagement zunächst bei den wichtigsten Prozessen, den Schlüsselprozessen an. Prozesskennzahlen sind z. B. mittlere Durchlaufzeit, Anteil ungeplanter Stillstände, Prozesskosten je Einheit, Ausschuss- und Nacharbeitungsquote.

Beispiel: exzellent gestalteter Prozess

Ein Hotel hat einen Reklamationsprozess entwickelt: Auf die Beschwerde folgt zunächst eine unmittelbare Reaktion dem Kunden gegenüber. Dann findet eine Analyse statt, um die Ursache für den Reklamationsgrund herauszufinden. Auf deren Basis werden Maßnahmen festgelegt, um zu verhindern, dass der Reklamationsgrund nochmals auftritt. Einige Zeit nach der Einführung der Maßnahme werden die Ergebnisse überprüft.

Prozesse: Diese Fragen müssen Sie sich stellen

- Sind Schlüsselprozesse definiert und in die Prozesslandschaft eingeordnet?
- Stehen Prozesskennzahlen und ihre Ziele fest?
- Wurden Mitarbeiter in Methoden zur Prozessverbesserung geschult?
- Besteht ein Berichtssystem zur Prozessleistung?
- Setzen wir neue Technologien ein, um Prozesse zu verbessern und zu überwachen?
- Nutzen wir Marktforschung oder Kundenkontakte, um daraus Vorgaben für die Prozesse zu gewinnen?
- Beziehen wir Kunden und Partner in die Entwicklung neuer Produkte und Prozesse ein?

- Erfolgen Auslieferungen pünktlich und zuverlässig?
- Beobachten wir, wie sich unsere Produkte in Kundenhand bewähren? Beraten wir unsere Kunden im Umgang mit unseren Produkten?
- Haben wir mit wichtigen Kunden regelmäßige Kommunikationslinien eingerichtet?
- Werden Kundenbeschwerden systematisch ausgewertet, um daraus Verbesserungen an Produkten und Prozessen abzuleiten?

Ergebnisse: Was kann besser werden?

Die Ergebnisse im EFQM-Modell zeigen, wo Verbesserungsbedarf besteht. Dabei werden die Teilkriterien betrachtet:

- Kennzahlen: Sie zeigen direkt die erbrachte Leistung des Unternehmens im betreffenden Bereich (z. B. Ergebnisse einer Kundenumfrage).
- Firmeninterne Leistungsindikatoren – so genannte Frühindikatoren: Sie beschreiben und messen interne Größen, die im Unternehmen maßgeblich die jeweilige Leistung für die Zukunft festlegen.

Beispiel: Teilkriterien

Die Umsatzrendite ist eine Kennzahl der Schlüsselergebnisse. Die Anteile von Ausschuss und Nacharbeit in der Produktion sind dagegen firmeninterne Leistungsindikatoren, die in einem Zusammenhang zur Kostensituation und damit zur Umsatzrendite stehen.

6. Kriterium: Kundenbezogene Ergebnisse

Nach TQM bestehen die Ziele eines Unternehmens im langfristigen Geschäftserfolg, im Nutzen für die Mitarbeiter und für die Gesellschaft (s. Seite 72). Voraussetzung für die Zielerreichung ist jedoch die Zufriedenstellung der Kunden. Deshalb kommt diesem Punkt eine besondere Bedeutung zu.

Der Kunde war bisher noch bei keinem Kriterium Gegenstand. Der Grund: Er muss ohnehin bei allen Befähigern berücksichtigt werden. Aus seinen Erwartungen entstehen über Politik und Strategie die Vorgaben für die Schlüsselprozesse. Deren Ergebnisse – die Produkte – beeinflussen maßgeblich die Kundenzufriedenheit. Die Mitarbeiter werden angehalten, die Kundenwünsche zu erfüllen, und Partnerschaften werden gebildet, um die Wertschöpfung für die Kunden zu verbessern. Jedes Unternehmen muss selbst die Kenn- und Messgrößen festlegen, die für den Kontakt mit Kunden wichtig sind. Erreicht das Unternehmen diese Ziele nicht, müssen die Prozesse auf der Befähigerseite überarbeitet werden. Wie gut das Unternehmen diese Vorgaben erfüllt, ergibt sich aus den Analysen:

- Messergebnisse: Auswertungen von Kundenumfragen, Anerkennungs- und Beschwerdebriefen, Treffen mit Fokusgruppen. Als Kenngrößen können dienen: Zufriedenheit mit Produkten und Dienstleistungen, Produktbewertungen in Testberichten, Erreichbarkeit über Telefon, Höflichkeit der Mitarbeiter etc. (Teilkriterium 6a).
- Leistungsindikatoren: z. B. interne Prüfungen (Audits), der Einsatz von Testkäufern, die nach Checklisten vorgehen.

So kann das Unternehmen versuchen, seine Leistung zu planen, zu überwachen und zu verbessern. Diese Leistungsindikatoren dienen der Vorhersage, wie seine externen Kunden die Leistung bewerten werden. Als Messgrößen kommen z. B. in Frage: Anzahl der Gewährleistungsfälle, Antwortzeit auf Beschwerdebriefe, Pünktlichkeit bei der Auslieferung usw. (6b).

Die Wahrnehmung durch die Kunden ist ein weit gefasster Begriff. Das Management sollte sie durch mehrere Kenngrößen konkretisieren. Dabei ist zunächst zu klären, welche Leistungen der Kunde überhaupt wahrnimmt und beurteilt.

Wahrgenommene Leistung	**Mögliche Kundenerwartung**
Produkt	Leistungsfähigkeit, Zuverlässigkeit, Bedienbarkeit, Lesbarkeit der Bedienungsanleitung
Dienstleistung durch Mitarbeiter	Fachkompetenz, Höflichkeit, Pünktlichkeit, Zuverlässigkeit, Schnelligkeit
Herstellungsprozess	Ordnung, Sauberkeit, Zustand der Betriebsmittel
Räumlichkeiten	Ausstattung, Sauberkeit, Geräumigkeit, Beleuchtung, Klimatisierung
Vertriebspersonal	Fachkompetenz, Höflichkeit, Pünktlichkeit, Flexibilität

Kundendienst	Fachkompetenz, schnelle Abhilfe bei Schwierigkeiten, Zuverlässigkeit, Preiswürdigkeit, Gewährleistung, Kulanz
Auskunftstelle (Call Center)	Fachkompetenz, Höflichkeit, Erreichbarkeit

Beispiel: Messergebnisse über die Wahrnehmung durch Kunden
Viele Restaurants bitten ihre Gäste, nach Begleichung der Rechnung Beurteilungskärtchen auszufüllen, auf denen sie die Qualität der Speisen, das Preis-Leistungsverhältnis, Höflichkeit und Kompetenz des Personals und die Raumgestaltung bewerten.

Beispiel: Leistungsindikator
Leistungsindikator zur Kundenzufriedenheit kann bei einem Hotel z. B. die Belegungsquote der Zimmer darstellen, insbesondere im Vergleich zum Wettbewerb.

7. Kriterium: Mitarbeiterbezogene Ergebnisse

Mitarbeiter sind außerordentlich wichtige Interessenspartner des Unternehmens, weil ohne sie keine Wertschöpfung zustande kommt. Das dritte Kriterium fragt danach, ob das Unternehmen mitarbeiterbezogene Maßnahmen anbietet (s. Seite 81 ff.). Ob und wenn ja, wie diese wahrgenommen und gewürdigt werden, ist Gegenstand des siebten Kriteriums:

- Messergebnisse: Regelmäßige Umfragen, Interviews oder strukturierte Beurteilungsgespräche zeigen, wie die Mitarbeiter das Unternehmen wahrnehmen und inwieweit sie sich mit ihm identifizieren können. Zur Gewinnung können aus Mitarbeiterbefragungen z. B. Zufriedenheitswerte abgeleitet werden (Zufriedenheit mit der Kommunikation mit Vorgesetzten, Kollegen, mit der Anerkennung, den Handlungsspielräumen etc.) (Teilkriterium 7a).

- Leistungsindikatoren: Interne Messergebnisse, die die Organisation verwendet, um die Zufriedenheit ihrer Mitarbeiter zu überwachen, zu analysieren, zu planen sowie zu verbessern und um vorherzusagen, wie die Mitarbeiter das Unternehmen wahrnehmen werden. Dazu eignen sich Kennzahlen wie: Beteiligung am betrieblichen Vorschlagswesen, an Weiterbildungsmaßnahmen, Rücklaufquoten von Mitarbeiterbefragungen, Unfallzahlen, Krankheits- und Abwesenheitsquoten usw. (7b).

Aspekt	**Mögliche Erwartungen der Mitarbeiter**
Arbeitsplatz-umgebung	Arbeitssicherheit, Beleuchtung, Klima, Hygiene, Möglichkeit der Weiterbildung
Vorgesetzte	Zugänglich, gerecht, zuverlässig, informiert angemessen, beteiligt die Mitarbeiter an Entscheidungen, zollt Anerkennung
Kollegen	Zugänglich, zuverlässig, freundlich, zollen Anerkennung
Entlohnung	Angemessen, pünktlich, Zusatzleistungen sind angemessen
Gesellschaft-liche Stellung	Gutes Firmenimage, gutes Produktimage, gutes Image als Arbeitgeber

Beispiel: Messergebnis bei Mitarbeitern

Eine Baumarktkette hat eine Mitarbeiterumfrage vorgenommen. Interessant sind die Ergebnisse vor allem im Vergleich mit der Benchmark.

Zufriedenheit mit dem Vorgesetzten	2004 Ist	2005 Ist	2006 Ist	2006 Ziel	Benchmark
Er ist in der Lage, mich zu motivieren.	76%	80%	82%	80%	55%
Hintergründe von Entscheidungen werden deutlich gemacht	76%	85%	84%	85%	69%
Information über die strategische Entwicklung	72%	78%	80%	84%	66%

Beispiel: Leistungsindikatoren

Als Leistungsindikator erhebt das Unternehmen die Gesundheitsquote.

Gesundheitsquote	2003	2004	2005	2006
Angestellte	98,6	98,5	98,7	98,4
Ziel Angestellte	98,0	98,5	98,5	98,5
Gewerbliche	94,5	94,7	94,7	95,3
Ziel Gewerbliche	94,0	94,5	95,0	95,0
Gewerbliche Wettbewerber	92,3	92,8	93,3	93,6

8. Kriterium: Gesellschaftsbezogene Ergebnisse

Wie das Unternehmen in der Öffentlichkeit wahrgenommen wird, ist häufig nur schwer zu erfassen – das gilt vor allem für kleine und mittelständische Unternehmen. Dennoch sollte man diesen Aspekt nicht unterschätzen. Ein gutes Image erleichtert beispielsweise den Zugang zu den kommunalen und Landesbehörden sowie zu Berufsverbänden. Renommierte Unternehmen sind als Arbeitgeber gefragt, sodass sich mehr qualifizierte Bewerber dort um einen Arbeitsplatz bemühen. Auch anstehende Verhandlungen mit Lieferanten und Banken gestalten sich einfacher. Folgende Mittel stehen in diesem Bereich z. B. zur Verfügung:

- Messergebnisse: Umfragen, Berichte Dritter, Presseartikel, Gespräche mit Vertretern der Öffentlichkeit und mit Regierungsstellen. Daraus lassen sich Kennzahlen entwickeln wie Anzahl von Berichten in den Medien, Image als verantwortungsbewusstes Unternehmen, Anteil am Steueraufkommen der Gemeinde etc. (Teilkriterium 8a)
- Leistungsindikatoren: interne Kenngrößen wie etwa die Ausbildungsquote, Zahl der Arbeitsplätze, Auszeichnungen bei Wettbewerben usw. (8b)

Aspekt	**Mögliche Erwartungen der Gesellschaft**
Finanzieller Beitrag	Zahlung von Steuern, Wirtschaftswachstum, Beteiligung an Strukturverbesserungsmaßnahmen, zweckgebundene Spenden
Beschäftigung	Schaffung sicherer Arbeitsplätze, Qualifizierung der Arbeitnehmer, Ansiedlung von Lieferanten

Kommunale Beiträge	Mitwirkung an der Kommunalpolitik, Mitwirkung in Sozialeinrichtungen und in Jugend- und Sportvereinen
Umwelt	Geringe Umweltbelastung, schonender Umgang mit Ressourcen

Beispiel: Messergebnisse über die Wahrnehmung
Ein gemeinnütziger Verein lässt über eine Agentur vierteljährlich die Pressemeldungen über die eigenen Aktivitäten zusammenstellen.

Beispiel: Leistungsindikatoren
Ein Unternehmen führt als Leistungsindikatoren die Anzahl seiner Ausbildungsplätze, die finanzielle Unterstützung eines Jugendvereins und die Anzahl von öffentlichen Fachvorträgen auf.

9. Kriterium: Schlüsselergebnisse

Als Schlüsselergebnisse bezeichnet das Exzellenz-Modell wichtige Ergebnisse des Unternehmens. Sie wurden bereits in der Politik und der Strategie als entscheidend für den Markterfolg identifiziert (s. Seite 78 ff.). Einige der zuvor genannten Ergebnisse für die Aspekte Kunden, Mitarbeiter und Gesellschaft können durchaus Schlüsselergebnisse sein. Im neunten Kriterium geht es aber insbesondere um den Kapitalgeber als Interessenpartner, somit um finanzielle Ergebnisse oder deren Vorstufen.

- *Die finanziellen Ergebnisse stellen durchweg Schlüsselergebnisse dar, weil nur so der Geschäftserfolg und ein langfristiges Bestehen des Unternehmens gesichert sind.*

Die finanziellen Aspekte werden normalerweise im Rahmen der Jahresabrechnung in der Gewinn- und Verlustrechnung und in der Jahresbilanz als Kennzahlen aufgeführt. Dabei stehen die nichtfinanziellen Kenngrößen mit den finanziellen (z. B. dem Umsatz) im Zusammenhang: Sie liefern ergänzende Informationen über künftige Entwicklungen. So führen z. B. kurze Entwicklungszeiten dazu, dass neue Produkte schneller auf den Markt kommen, den Absatz beleben und in der Folge Umsatz und Gewinn steigen.

- Folgeergebnisse sind im Exzellenz-Modell zunächst finanzielle Kenngrößen, die als Folge der geleisteten Arbeit anzusehen sind. Dazu gehören etwa der Umsatz oder die Umsatzrendite. Folgeergebnisse können aber auch Kenngrößen sein, die ebenfalls aus dem Geschäftsverlauf resultieren, aber nicht monetär bewertet werden können, etwa Marktanteile oder Absatzmengen (Teilkriterium 9a).
- Schlüsselindikatoren dienen zur Erklärung der Folgeergebnisse. Sie sagen etwas über das innerbetriebliche Geschehen aus, etwa über die Leistungsfähigkeit von Prozessen, wichtige Kostenarten und Innovationsleistungen. Auch hier unterscheidet man monetär bewertbare (finanzielle) und nicht monetär bewertbare (nichtfinanzielle) Schlüsselindikatoren. Zu den ersten gehören beispielsweise die Abschreibungen, zu den zweiten der Anteil neuer Produkte an der angebotenen Produktpalette (9b).

	Finanzielle Kenngrößen	Nichtfinanzielle Kenngrößen
Folge-ergebnisse	Umsatz, Dividende, Gewinn, Rendite	Marktanteile, Entwicklungszeiten, Absatzmengen
Schlüsselindikator	Cash Flow, Abschreibungen, Kosten für die Instandsetzung, Kreditlinien	Wissenskapital, Patente, Lizenzen, Prozessfähigkeitswerte, Anteil neuer Produkte, Fehlerquoten

Beispiel: Folgeergebnisse der Schlüsselleistungen

Als Messgrößen für den unternehmerischen Erfolg stellt ein mittelständiges Dienstleistungsunternehmen seine geplante Kostenstruktur der realisierten gegenüber. Als Basis für die relativen Größen dienen die Planwerte aus dem Jahr 2002.

	2002	2003	2004	2005
Personalkosten Plan	100,0	92,1	88,9	96,8
Personalkosten Ist	100,0	88,2	94,0	108,1
Sachkosten Plan	100,0	100,1	101,7	98,7
Sachkosten Ist	100,0	93,6	102,4	107,7
Mietkosten Plan	100,0	84,5	89,2	79,1
Mietkosten Ist	100,0	95,9	103,1	103,2
Abschreibungen Plan	100,0	89,9	83,5	80,4
Abschreibungen Ist	100,0	94,2	99,1	97,5

Beispiel: Nichtfinanzieller Schlüsselleistungsindikator

Als einen internen Indikator zur Messung der Auslieferungsqualität und der Funktionsfähigkeit der Prozesse hat derselbe Mittelständler einen Qualitätsindex definiert. Es ist eine Kennzahl, die rechnerisch aus dem internen Fehleranteil und den Rückweisungsraten seitens der Kunden ermittelt wird. Steigende Werte bedeuten eine bessere Qualitätslage.

	2002	2003	2004	2005
Q-Index	100,0	100,6	102,3	104,2

TQM – wie Unternehmen bewertet werden

Um Fortschritte im Unternehmen sichtbar zu machen, ist eine regelmäßige Bewertung notwendig. Welches Vorgehen ist dabei sinnvoll? Und welche Kriterien und Hilfsmittel kommen dabei zum Einsatz?

Fortschritte mit der RADAR-Logik sichtbar machen

Das Exzellenz-Modell basiert auf der Definition des TQM und bietet zwei weitergehende Möglichkeiten:

- Die Darstellung der Kriterien, der Teilkriterien und ihres Zusammenhangs zeigt auf, welche Möglichkeiten es gibt, das TQM-Konzept in der betrieblichen Praxis umzusetzen.
- Ein dazugehöriges Bewertungsverfahren ermöglicht es einer Organisation, ihren Fortschritt auf dem Weg zu TQM zu ermitteln.

Dieses Bewertungsverfahren gibt sich nicht mit der Feststellung von Ergebnissen zufrieden. Erzielte Erfolge sollen in einem nächsten Zyklus und im Sinne einer kontinuierlichen Verbesserung (Kaizen) dazu dienen, neue Ziele zu stecken, entsprechende Aktivitäten zu planen und umzusetzen und daraus resultierende Ergebnisse zu ermitteln.

Das Bewertungsverfahren ist dann sinnvoll, wenn Unternehmen die Ergebnisse nicht einfach hinnehmen, sondern sie als Folge von Befähigeraktivitäten begreifen, die wiederum geplant und umgesetzt wurden, um eben jene Ergebnisse zu erzielen.

Dieses Vorgehen entspricht einem fortlaufenden Lernprozess. Er wird in der grafischen Darstellung des Exzellenz-Modells (s. Seite 75) durch die Pfeile „Befähiger", „Ergebnisse" und „Innovation und Lernen" angedeutet, die das Modell oben und unten umrahmen. In der Sprache des Exzellenz-Modells wird dieser Lernprozess als RADAR-Logik bezeichnet.

Der Bewertungskreislauf

In jeder der RADAR-Phasen sind andere Fragen zu stellen. RADAR ist eine Abkürzung und besteht aus den Anfangsbuchstaben der folgenden Begriffe:

	Phase	Frage
R	Results (Ergebnisse)	Wurden die zu erreichenden Ergebnisse (Ziele) festgelegt?
A	Approach (Vorgehen)	Wurden geeignete Maßnahmen geplant und erarbeitet, um die Ergebnisse zu erzielen?
D	Deployment (Umsetzung)	Erfolgte die Umsetzung der Maßnahmen systematisch?
AR	Assessment and Review (Bewertung und Überprüfung)	Wurde die Umsetzung der Maßnahmen überprüft und bewertet? Konnten die geplanten Ergebnisse aufgrund der Maßnahmen erreicht werden?

Während die Phasen „Vorgehen", „Umsetzung" und „Bewertung und Überprüfung" bei der Bewertung der Befähigerteilkriterien angewendet werden, dient die Phase „Ergebnisse" zur Bewertung der Ergebnisteilkriterien.

Beispiel für die Umsetzung der RADAR-Logik

Phase Results: Als Ergebnis einer Mitarbeiterbefragung zeigt sich, dass die Mitarbeiter mit der Kommunikation im Betrieb und den Weiterbildungsmöglichkeiten eher unzufrieden sind. Die Geschäftsleitung legt daraufhin Ziele fest, die innerhalb von zwei Jahren erreicht werden sollen.

Phase Approach: Die zuständigen Stellen planen drei Maßnahmenpakete zur Verbesserung der Situation: Die aktuelle Qualifikation der gewerblichen Mitarbeiter und die Qualifikationsprofile der Arbeitsplätze sollen ermittelt und miteinander abgeglichen werden. Als Folgemaßnahme soll ein firmenspezifisches Weiterbildungsprogramm entstehen. Außerdem werden in allen Betriebsteilen Schwarze Bretter angebracht, die regelmäßig mit aktuellen Informationen zum Betriebsgeschehen bestückt werden.

Phase Deployment: Die Maßnahmen sollen innerhalb von zwölf Monaten abgeschlossen und in allen Bereichen der Organisation eingeführt sein.

Phase Assessment and Review: Nach weiteren zwölf Monaten zeigt eine erneute Mitarbeiterbefragung, dass bezüglich der Weiterbildungsmöglichkeiten die Mitarbeiterzufriedenheit den Zielwert sogar übertroffen hat.

Hinsichtlich der Kommunikation wurde das Ziel nicht erreicht. Die Einführung der Schwarzen Bretter hat das Kommunikationsproblem offenbar nicht behoben. Nun wird als weitere Befähigermaßnahme ein Internetportal in Auftrag gegeben, wodurch den Mitarbeitern aktuelle Informationen übermittelt werden können und das den Mitarbeitern zusätzliche Kommunikationsmöglichkeiten eröffnet (Phase Approach)

Die Selbstbewertung im Unternehmen

Die Selbstbewertung ist ein Begriff, der im Zusammenhang mit dem Exzellenz-Modell eingeführt wurde. Er bezeichnet die Bewertung der eigenen Organisation mit allen ihren Bereichen nach den Kriterien des Exzellenz-Modells und der RADAR-Logik. Zwar ist jede Selbstbewertung mit einem erheblichen Personaleinsatz verbunden, aber dem Unternehmen entstehen dadurch auch Vorteile:

- Die Unternehmensleitung erkennt den Reifegrad bezüglich der TQM-Umsetzung.
- Das Ergebnis der Selbstbewertung legt die Stärken und die Verbesserungspotenziale des Unternehmens offen.
- Die standardisierte Vorgehensweise ermöglicht es einerseits, die Entwicklung des eigenen Unternehmens über die Zeit zu verfolgen, andererseits aber auch den Vergleich mit anderen Unternehmen vorzunehmen, selbst mit solchen aus anderen Branchen.
- Bei der Selbstbewertung wirken Mitarbeiter aus verschiedenen Unternehmensteilen und Hierarchieebenen mit. Damit fördert sie die interne Kommunikation.

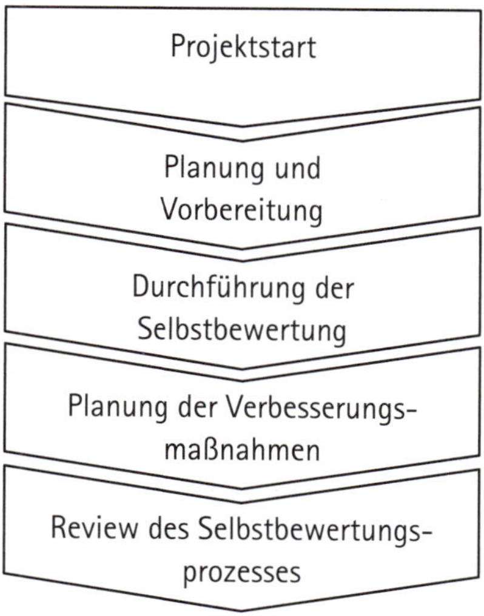

Ablauf einer Selbstbewertung

1. Projektstart

Eine Selbstbewertung muss von der Geschäftsleitung einer Organisation beschlossen und eingeleitet werden, zumal alle Führungskräfte und damit alle Funktionsbereiche betroffen sind und deshalb mitwirken müssen. Werden im Laufe dieses Prozesses Verbesserungspotenziale erkannt und entsprechende Maßnahmen eingeleitet, ist die Akzeptanz in der Belegschaft größer, als wenn der Handlungsbedarf von externen Beratern vorgegeben worden wäre.

2. Planung und Vorbereitung

Grundlage für die Selbstbewertung bildet eine Dokumentation, also ein Nachweis zur Arbeitsweise des Unternehmens, die sich möglichst nahe an den Kriterien und Teilkriterien des Exzellenz-Modells ausrichtet. Es gibt unterschiedliche Möglichkeiten, die Dokumentation zu erstellen, und zur Vorbereitung auf die Selbstbewertung gehört es, sich für eine davon zu entscheiden. In der Praxis haben sich als Hilfsmittel zur Erarbeitung der Dokumentation bewährt: Fragebogen, Interview, Workshop, Standardformulare, Bewerbungsbroschüre um einen Qualitätspreis (s. Seite 110 f.).

3. Durchführung der Selbstbewertung

Je nachdem, welche Dokumentationsmethode ausgewählt wurde, führen Sie die Selbstbewertung durch:

- Die Selbstbewertung mittels Fragebögen lässt sich schnell und mit überschaubarem Aufwand durchführen, insbesondere, wenn dabei auf erprobte Fragebögen zurückgegriffen wird. Sie können je nach Größe der Organisation flächendeckend oder stichprobenartig eingesetzt werden. Diese Methode eignet sich zur Ermittlung eines Meinungsbildes der Mitarbeiter über die aktuelle Situation Ihrer Organisation und sollte vorzugsweise als Einstiegsmethode dienen oder aber in Ergänzung zu den nachfolgenden Methoden Anwendung finden.

- Die Selbstbewertung mittels Interview ähnelt der Fragebogenmethode. Im Unterschied zu dieser kommen jedoch geschulte Mitarbeiter zum Einsatz, die Beschäftigte in Ihrer Organisation direkt befragen. Dabei werden meist ebenfalls vorgefertigte Fragebögen verwendet, jedoch kann man durch die persönliche Befragung mehr und besser interpretierbare Antworten erwarten. Ein zusätz-licher Aufwand im Vergleich zur Fragebogenmethode entsteht durch die Vorbereitung der Interviewer und durch die Zeit, die sie für die Befragung benötigen.
- Bei der Veranstaltung von Selbstbewertungsworkshops sind Führungskräfte aus allen Bereichen des Unternehmens, bei kleineren Firmen auch andere Mitarbeiter, beteiligt. Der Workshop wird üblicherweise von zwei ausgebildeten, eventuell auch betriebsfremden Assessoren moderiert. In einem ersten Schritt werden die Teilnehmer mit dem Exzellenz-Modell vertraut gemacht und bearbeiten eine EFQM-Fallstudie. Danach werden ihnen der RADAR-Bewertungsprozess und der weitere Ablauf des Workshops vorgestellt. Anschließend sammeln sie in ihren Arbeitsbereichen die erforderlichen Informationen. Nach einem festgelegten Zeitraum findet der eigentliche, ein-

oder zweitägige Workshop statt. Darin werden die erhobenen Daten in ihrer Gesamtheit gesichtet und besprochen. Ziel ist, dass die Teilnehmer eine gemeinsame Auffassung vom Reifegrad des Unternehmens gemessen an den Kriterien des Exzellenz-Modells entwickeln. Auf dieser Grundlage werden bei einer weiteren Sitzung Verbesserungsmaßnahmen erarbeitet. Diese Methode erfordert einen vergleichsweise hohen Schulungs- und Zeitaufwand, führt aber zu Ergebnissen, die voraussichtlich eine breite Zustimmung im Unternehmen finden.

- Die Selbstbewertung mittels Standardformularen ähnelt in den ersten Schritten der Workshop-Methode. Vorher geschulte Führungskräfte und Mitarbeiter sammeln in ihren Arbeitsbereichen die notwendigen Informationen. Für jedes Teilkriterium des Exzellenz-Modells gibt es ein vorbereitetes Standardformular, das dabei zum Einsatz kommt. Entsprechend groß ist der Aufwand für die Datenerhebung. Anhand der ausgefüllten Formulare bewerten dann ausgebildete Assessoren die Organisation. Bei entsprechender Qualifikation kann die Bewertung grundsätzlich auch durch die Teams selbst erfolgen. Die Ergebnisse der Bewertung sind, wie bei der Workshop-Methode, anschließend zu ordnen und in Verbesserungsmaßnahmen zu überführen.
- Die Selbstbewertung mittels Bewerbung bzw. mittels Bewerbungssimulation ist die aufwendigste Methode, die zugleich aber auch die beste Ergebnisqualität bietet. Dabei wird eine Bewerbungsbroschüre nach den Vorgaben des ausgewählten Qualitätspreises erstellt, die dann ent-

weder tatsächlich eingereicht oder aber, ohne an am Wettbewerb teilzunehmen, einem externen Assessorenteam zur Bewertung vorgelegt wird. Der Umfang der Bewerbungsbroschüre kann – je nach Qualitätspreis – zwischen 25 und 75 Seiten betragen. Die Datenerhebung kann nach der Workshop-Methode oder mithilfe von Standardformularen erfolgen. Ein zusätzlicher Aufwand entsteht durch die redaktionelle Arbeit an der Broschüre, die je nach Unternehmensgröße eine Kapazität von bis zu einem Mitarbeiterjahr bindet. Ein Vorteil besteht darin, dass die Geschäftsleitung mit der Broschüre eine sehr umfassende und trotzdem kurz gefasste Information zum TQM-Reifegrad des Unternehmens erhält.

4. Planung der Verbesserungsmaßnahmen

Die Selbstbewertung endet nicht mit dem Bewertungsergebnis. Es gilt, aus erkannten Stärken und Verbesserungspotenzialen Maßnahmen zu erarbeiten, die mit entsprechenden Maßnahmenplänen, Verantwortlichkeiten, Terminen und benötigten Ressourcen zu unterlegen sind.

5. Review des Selbstbewertungsprozesses

Die RADAR-Logik gilt auch für den Prozess der Selbstbewertung selbst. Am Ende des Prozesses wird sein Ablauf rückblickend beurteilt und auf Verbesserungsmöglichkeiten hin untersucht. Auch die Selbstbewertung muss sich den Rahmenbedingungen und dem Reifegrad der Organisation anpassen. Bei Unternehmen, die sich auf dem Weg zur Exzellenz ständig weiterentwickeln, verändert sich auch die interne Berichterstattung. Sie erzeugt zunehmend die Kennzahlen, die für die TQM-Berichterstattung benötigt werden, und damit verringert sich der anfangs beträchtliche Mehraufwand.

Qualitätspreise als Gradmesser

Viele Länder haben mittlerweile die Bedeutung von TQM erkannt und fördern seine Einführung in den Unternehmen durch Preise und Auszeichnungen. Für die teilnehmenden Unternehmen bildet der Wettbewerb einen guten Maßstab, wie weit die Einführung der Managementmethode bereits fortgeschritten ist und wo noch Handlungsbedarf besteht.

Ihr Unternehmen sollte bereits eine Selbstbewertung durchlaufen haben, bevor Sie tatsächlich an einem Qualitätspreisverfahren teilnehmen.

Welche Qualitätspreise gibt es?

- Seit 1951 wird der Deming Prize in Japan verliehen und seit 1987 in den USA der Malcolm Baldridge National Quality Award (MBNQA).
- 1992 gründeten 14 international bekannte Unternehmen in Europa die European Foundation for Quality Management (EFQM). Sie ist die treibende Kraft für die Einführung des TQM im europäischen Raum und vergibt seit 1992 den Europäischen Qualitätspreis (European Quality Award, ab 2006 umbenannt in EFQM Excellence Award).
- In Deutschland wurde in Anlehnung an den Europäischen Qualitätspreis ein nationaler Staatspreis geschaffen: der

Ludwig-Erhard-Preis (LEP). Zusätzlich loben einzelne Bundesländer eigene Qualitätspreise aus.

Das Liga-Prinzip

Die Preise selbst sind in ihren Anforderungen abgestuft. Während der European Quality Award (künftig EFQM Excellence Award) die besten Unternehmen der Europäischen Union auszeichnet, wird der LEP an Spitzenunternehmen in Deutschland vergeben. Die Länderpreise gehen an die besten Unternehmen im jeweiligen Bundesland. In Analogie zum Sport spricht man von einem Liga-Prinzip.

„Spielklasse"	**Qualitätspreis**
Champions League	Europäischer Qualitätspreis
Bundesliga	Ludwig-Erhard-Preis
Regionalliga	Qualitätspreis Berlin-Brandenburg Qualitätspreis Sachsen-Anhalt Sächsischer Staatspreis für Qualität Thüringer Staatspreis für Qualität Bayerischer Qualitätspreis Qualitätspreis Nordrhein-Westfalen Qualitätspreis Schleswig-Holstein

Diese Abstufung soll den Unternehmen den Einstieg in den TQM-Wettbewerb erleichtern. Ein Unternehmen wird sich vermutlich zunächst um den Preis im jeweiligen Bundesland bewerben, bevor es an den LEP denkt. Diese Reihenfolge ist aber nicht bindend. Der Europäische Qualitätspreis (EQA), der Ludwig-Erhard-Preis (LEP) und die Qualitätspreise der meisten deutschen Bundesländer basieren auf dem EFQM-Modell für Exzellenz (s. Seite 75).

So bewerten Sie Ihr Unternehmen

Die RADAR-Logik bildet die Grundlage für die Bewertung des TQM-Reifegrades einer Organisation. Im Rahmen einer ziemlich umfangreichen RADAR-Bewertungsmatrix erfolgt die Bewertung der Organisation zu jedem einzelnen der 24 Befähigerteilkriterien (s. Seite 76 ff.) und zu den acht Ergebnisteilkriterien.

Die RADAR-Bewertungsmatrizen wurden von der European Foundation for Quality Management entwickelt und sind im Internet frei verfügbar (z. B. unter www.ilep.de/downloads/RADAR_Matrizen.pdf). Der Umgang mit ihnen ist nicht einfach. Er wird üblicherweise in einem dreitägigen Assessorenlehrgang und anhand von Fallstudien vermittelt. Dabei lernen die Teilnehmer, die Subjektivität bei der Bewertung möglichst klein zu halten und einen gemeinsamen, von der EFQM akzeptierten Maßstab zu entwickeln.

> *Ein Unternehmen, das sich zum ersten Mal nach dem Exzellenzmodell bewerten will, sollte die Hilfe von ausgebildeten Assessoren in Anspruch nehmen.*

Die Bewertung der Befähiger erfolgt zunächst nach drei Phasen: Vorgehen (A), Umsetzung (D), Bewertung und Überprüfung (AR).

Schritt 1: Wie geht das Unternehmen vor?

Im ersten Schritt wird das Vorgehen (A = Approach) des Unternehmens unter die Lupe genommen. Diese Phase der RADAR-Logik umfasst die Qualität, mit der es Vorgehensweisen plant. Die Maßnahmen, die es ergreift, sollen fundiert und integriert erfolgen.

Was heißt „fundiert"?

Das Vorgehen ist klar begründet. Sie stellen nicht nur dar, was Sie in dem jeweiligen Teilkriterium machen, sondern auch, warum Sie so vorgehen und wie genau Ihre Prozesse ablaufen.

- Gemeint ist damit, dass eine Befähigermaßnahme nachweislich ausgewählt wurde, um ein vorhandenes Defizit auszugleichen und damit ein künftiges Ziel zu erreichen.
- Das Vorgehen basiert auf definierten Prozessen. Die Durchführung der Maßnahme beruht also auf sorgfältiger Planung und ist in Form eines Prozesses dokumentiert.
- Das Vorgehen ist auf die Interessengruppen ausgerichtet. Hier wird geprüft, ob die geplanten Ziele nachweislich und eindeutig den Ergebniskriterien zugeordnet sind.

Integriertes Vorgehen

Die gewählten Schritte unterstützen die Politik und Strategie des Unternehmens.

- Alle Prozesse im Unternehmen dienen im Idealfall dazu, die Strategie umzusetzen und dürfen nicht im Widerspruch zur Politik stehen. In allen Befähigermaßnahmen soll die Verknüpfung zu Politik und Strategie des Unternehmens deutlich werden.
- Das betrachtete Vorgehen ist mit anderen Vorgehensweisen verknüpft, wenn dies angemessen ist. Oft gehören Maßnahmen zu mehreren Befähigerkriterien gleichzeitig, z. B. kann ein Serviceprozess (der zur Pflege und Vertiefung der Kundenbeziehung gehört) definiert werden, bei dem die Außendienstmitarbeiter mithilfe eines Standardformulars Informationen von Kunden erheben. Diese Daten dienen dann u. a. als Informationsgrundlage für die Strategieentwicklung.

Schritt 2: Wie erfolgt die Umsetzung der Maßnahmen?

Die Umsetzung (D = Deployment) sagt aus, wie flächendeckend und systematisch das Vorgehen eingeführt ist.

Wie gut ist das Vorgehen eingeführt?

„Das Vorgehen ist eingeführt" bedeutet im Idealfall, dass es nicht nur einen Einzelfall oder ein Pilotverfahren darstellt, sondern in allen Bereichen, in denen dies sinnvoll ist, etabliert ist. Die betroffenen Abteilungen führen die geplanten Vorgehensweisen tatsächlich aus, dies können Sie z. B. durch konkrete Beispiele und erste Erfolge nachweisen.

Wie systematisch ist die Umsetzung aus?

Hier stellt sich die Frage, ob das Unternehmen Veränderungen strukturiert vorgenommen hat, ob geplant und methodisch vorgegangen wurde. Das ist vor allem bei der Einführung komplexer Vorgehensweisen wichtig. Es geht darum, die Einführung von Maßnahmen sorgfältig vorzubereiten:

- Wurden alle möglichen Probleme bei der Umsetzung schon im Vorfeld bedacht?
- Ist sichergestellt, dass die betroffenen Mitarbeiter notwendige Informationen und Mittel zur Durchführung Ihres Plans zur Verfügung haben?

Nachweisen können Sie dies z. B. durch Pilotprojekte, in denen Sie die Auswirkungen Ihres Plans getestet haben.

Schritt 3: Bewertung und Überprüfung des Vorgehens

Im Schritt „Bewertung und Überprüfung (AR = Assessment and Review)" soll ein Lernprozess nachgewiesen werden. Dieser muss aus Messen, Lernen und Verbessern bestehen. Es geht darum, die Wirksamkeit des Vorgehens und der Umsetzung zu überprüfen und diese gegebenenfalls gezielt zu verbessern. Im Vordergrund steht dabei weniger die Definition von Kennzahlen, sondern die Darstellung von Lern- und Entwicklungsprozessen.

Wie wird gemessen?

Messen bedeutet, die Wirksamkeit des Vorgehens und der Umsetzung regelmäßig zu überprüfen. Im Ergebnis erkennen Unternehmen mögliche Zielabweichungen rechtzeitig und können entsprechend nachbessern.

Was kann das Unternehmen lernen?

Im Anschluss gilt es, die besten Praktiken (best practices) und Verbesserungspotenziale zu identifizieren. Die sogenannten besten Praktiken sind Vorgehensweisen anderer erfolgreicher Unternehmen. Sie können mithilfe von Benchmarking-Projekten ermittelt werden. Das Unternehmen analysiert in diesem Schritt die erhaltenen Informationen in Lernprozessen und zieht daraus neue Erkenntnisse.

Verbesserungspotenzial ausnutzen

Der Prozess darf beim Messen und Lernen nicht enden. Die Erkennnisse aus diesen beiden Schritten münden in Verbesserungsmaßnahmen, die das Unternehmen wiederum sorgfältig priorisiert und in der geplanten Weise umsetzt.

Wie werden Ergebnisse bewertet?

Das Exzellenz-Modell enthält vier Ergebniskriterien, zu denen jeweils zwei Teilkriterien gehören, sodass es insgesamt acht Ergebnisteilkriterien gibt. Die Ergebnisse in jedem der Teilkriterien sollen gemäß der RADAR-Bewertungsmatrix nach den folgenden Attributen beurteilt werden: Trends, Ziele, Vergleichen, Ursache, Umfang.

- *Bei den Ergebnissen (R = Results) sind vor allem Kennzahlen gefragt. Zur Präsentation des Materials eignen sich z. B. Tabellen und Diagramme.*

Welcher Trend herrscht vor?

Möglichst viele Ergebnisse sollen sich über mehrere Jahre hinweg verbessern, also einen positiven Trend aufweisen. Positiv sind auch Ergebnisse, die in einer vergleichbaren Zeitspanne auf etwa gleich hohem, anspruchsvollem Niveau liegen und damit eine gleichbleibend gute Unternehmensleistung widerspiegeln. Ein hohes Niveau erkennt man im Vergleich mit dem Branchendurchschnitt, mit wichtigen Wettbewerbern oder aus Benchmarking-Vergleichen mit anderen Organisationen.

Wurden die Ziele erreicht?

Als gut gilt die Situation, in der viele der gesteckten Ziele angemessen sind und auch erreicht werden. Ein zu niedriges, unangemessenes Ziel, das erreicht wurde, gilt nicht viel, ebenso ein anspruchsvolles Ziel, das verfehlt wurde.

Beispiel: Angemessenheit von Zielen

Eine Umsatzrendite von 15 Prozent ist für eine Unternehmensberatung ein wenig anspruchsvolles Ziel, für einen Automobilhersteller in Deutschland sind zehn Prozent schon eine große Herausforderung.

Wie stehen Sie im Vergleich mit anderen da?

Hier betrachtet man nicht die Zielerreichung, sondern das Ergebnis im Vergleich zu den Ergebnissen wichtiger Wettbewerber oder vergleichbarer erfolgreicher Unternehmen.

Welche Ursachen haben die Ergebnisse?

Dieses Attribut weist wieder auf die RADAR-Logik hin. Die Ergebnisse sollen in einer Ursache-Wirkung-Beziehung zu den Befähigermaßnahmen stehen. Ergebnisse, deren Zustandekommen nicht erklärt werden kann, und Ergebnisse, die Folgen betriebsfremder Ereignisse sind, können für die Zukunft nicht in ähnlicher Form erwartet werden.

Beispiel: Ergebnis und Ursache

Ein gestiegener Marktanteil ist nicht relevant, wenn er durch anhaltende Lieferschwierigkeiten eines Wettbewerbers zustande kam.

In welchem Umfang finden Verbesserungen statt?

Die Ergebnisse sollen sich möglichst auf alle Tätigkeitsfelder des Unternehmens beziehen. Das bedeutet einerseits eine Zuordnung zu möglichst allen Organisationsbereichen, andererseits eine Zuordnung zu verschiedenen Kundengruppen oder Märkten.

Mit TQM gewinnen

Ein Unternehmen profitiert gleich mehrfach vom Total Quality Management: bei den internen Prozessen, im Kontakt mit Kunden und Geschäftspartnern und im Wirken der Mitarbeiter.

Gute Beziehungen durch TQM

TQM ist kein schnell wirkendes Mittel. Es dauert eine Weile, bis die ersten Erfolge sichtbar und messbar sind. Die Erfahrungen zeigen, dass eine Organisation einige Jahre braucht, um die Prinzipien von TQM nachhaltig umzusetzen. Daher stellt sich die Frage: Lohnt sich der Aufwand? Was hat ein Unternehmen davon, wenn es sich auf den Weg zur Exzellenz begibt? Mit welchen Argumenten halten Führungskräfte und Unternehmensleitung ihre Mannschaft bei der Stange?

Erfolgreich in den Außenbeziehungen

Langfristiger Geschäftserfolg und somit Wettbewerbsfähigkeit ist das Hauptziel von TQM. Dies kann – so die Grundannahme – besser erreicht werden, wenn die Interessen der Stakeholder, insbesondere der Kunden, berücksichtigt werden. Darüber hinaus gilt aber, die Interessenpartner nicht nur zufrieden zu stellen, sondern sie als Verbündete zu gewinnen. Erst mit ihrer Unterstützung kann die volle Leistungsfähigkeit des Unternehmens erreicht werden. Die Erfahrungen solcher Organisationen mit TQM zeigen Erfolge auf mehreren Ebenen: Die Kunden sind zufrieden, das Image bei den Geschäftspartnern gut und die Kostenstruktur konnte dank gut geführter Prozesse verbessert werden. Hinzu kommen eine gestiegene Mitarbeiterzufriedenheit und bessere Chancen, geeignete neue Mitarbeiter zu gewinnen. Dies alles führt zu solidem Wachstum und einer verbesserten Wettbewerbsposition.

Zufriedene Kunden

Kundenbindung heißt, dass zufriedene Kunden bei weiteren Käufen beim bisherigen Hersteller bleiben. Gerade in gesättigten Märkten, in denen wenige neue Käufer dazukommen, ist so für die Zukunft eine Sicherung – und möglicherweise ein Ausbau – des eigenen Marktanteils zu erwarten. Damit sichert man den künftigen Umsatz und Gewinn.

Beispiel: Maßnahmen zur Steigerung der Kundenbindung
Eine Zahnarztpraxis hat für die älteren Patienten auf Wunsch einen Fahrdienst organisiert. Kinder werden vorzugsweise an einem bestimmten Wochentag behandelt. An diesem Tag hält sich in der Praxis ein Clown auf, der die kleinen Patienten unterhält und von ihrer Angst ablenkt. Innerhalb von vier Jahren stellte der Zahnarzt, der zuvor allein praktizierte, aufgrund der wachsenden Patientenzahl fünf weitere Zahnärzte ein. Durch besser organisierte Abläufe in der Praxis gingen Beschwerden von Patienten und dadurch verursachter Stress bei allen Beteiligten stark zurück.

Langfristige Geschäftsbeziehungen

In der Zusammenarbeit mit Lieferanten gibt es mehrere Möglichkeiten, den Aufwand zu beiderseitigem Nutzen zu reduzieren. Wird ein Lieferant an der Entwicklung eines Produkts beteiligt, kann er etwa seine Materialkenntnisse einbringen und selbst billiger einkaufen. Während eines Liefervertrags kann es sinnvoll sein, den Lieferanten über den eigenen Auftragsbestand zu informieren, damit er sich schon früh auf die Abrufe vorbereiten und seine Liefertreue verbessern kann. Absprachen, welcher der Partner Prüfungen durchführt, verhindern, dass Doppelarbeit anfällt oder Tests unterbleiben. In allen Fällen können Kosten gesenkt und die Ersparnisse zwischen den Partnern aufgeteilt werden.

Bankkredite sind für die meisten Unternehmen notwendig für die Finanzierung des Geschäfts. Seit der Einführung der Basel II–Richtlinien zahlen Unternehmen mit schlechter Bonität höhere Zinsen oder erhalten überhaupt keine Kredite mehr. Vor allem kleine und mittelgroße Unternehmen können durch eine regelmäßige Kommunikation mit ihren Banken ihre Bonität verbessern. Dazu gehört etwa eine regelmäßige Information über Auftragseingänge, Cashflow, Produktivität oder Prozessqualität.

Beispiel: gute Partnerschaft

Ein Bauunternehmer führte ein Qualitätsmanagementsystem ein und informiert seine Bank über dessen Weiterentwicklung und die erzielten Verbesserungen. In der Folge werden durch ein besseres Vertrauensverhältnis zur Bank die Kreditentscheidungen schneller getroffen als früher.

Mitarbeiter als Partner

Die Mitarbeiter sind in allen Prozessen des Unternehmens aktiv und daher ein besonders wichtiger Interessenpartner. Sie tragen durch ihre Motivation, ihre Einstellung zur Firma und ihre Ausbildung wesentlich zur Effizienz der Prozesse bei. Gegenwärtig beobachten wir Entwicklungen, die sich auf die Situation der Mitarbeiter negativ auswirken können:

- Globalisierung und Verlagerung von Arbeitsplätzen ins Ausland: Der Kostendruck zwingt Unternehmen, den Vorteil, den ausländische Standorte bieten, zu nutzen.
- Veränderungen in der Altersstruktur der Beschäftigten: Eine lebenslange Beschäftigung kann nicht mehr garantiert werden.

- Steigender Anteil von Ausländern und Migranten, meist aus fremden Kulturkreisen: Migranten sind oft bereit, für niedrigere Löhne zu arbeiten als die eingesessene Bevölkerung.

Engagiertere Mitarbeiter durch TQM

Studien zeigen, dass 87 Prozent der Arbeitenden in Deutschland – unter anderem aufgrund dieser Situation - keine echte Verpflichtung gegenüber ihrer Arbeit empfinden, sondern eher Dienst nach Vorschrift leisten.

Beim Kriterium „Mitarbeiter" geht es also eher nicht darum, die restlichen Effizienzpotenziale zu nutzen, sondern darum, eine gefährliche Entwicklung anzuhalten und umzudrehen. Die mitarbeiterbezogenen Maßnahmen im Rahmen des Exzellenz-Modells können dazu entscheidend beitragen. Die Frage ist nicht mehr, ob man Mitarbeiter entlassen darf, sondern unter welchen Bedingungen das geschehen sollte. Dazu muss einerseits geklärt werden, wie die Mitarbeiter das Unternehmen wahrnehmen und was sie von ihm erwarten. Andererseits müssen aber auch die Mitarbeiter wissen, wie das Unternehmen sie wahrnimmt und was es von ihnen erwartet. So können Unsicherheiten und Ängste zum Teil beseitigt werden, was sich auf das Engagement der Mitarbeiter positiv auswirkt. Engagierte Mitarbeiter sind produktiver, eher gewillt, im Unternehmen zu bleiben, empfehlen ihre Firma und deren Produkte weiter, weisen weniger Fehltage auf und sind offener für Neues.

Arbeitsplätze im Inland

Erfolgreiche TQM-geführte Unternehmen zeigen noch einen anderen Ausweg aus der beschriebenen Problematik. Durch ihre konsequente Kundenausrichtung, gute Produktqualität und verbesserte Kostenstruktur sind sie sogar in der Lage, selbst gegen Branchentrends zusätzliche Arbeitsplätze in Deutschland zu schaffen. Das trägt auch zur Motivation und zum Engagement ihrer Mitarbeiter bei.

Beispiel: Arbeitsplätze in Deutschland
Zwei deutsche Automobilunternehmen konnten in den letzten Jahren neue Montagewerke in Deutschland errichten mit der entsprechenden Beschäftigungsauswirkung an den Standorten selbst und bei der Zulieferindustrie. Sie konnten damit ihr Image im Inland erheblich stärken und bedeutende Investitionszulagen und Steuervergünstigungen von den Standortgemeinden in Anspruch nehmen.

Langfristige Wirkungen von TQM

Beziehungspflege ist aber nicht alles. Sie wirkt mittelbar und unmittelbar auf den Zweck des Unternehmens: den wirtschaftlichen Erfolg.

Kosten senken durch exzellente Prozesse

Die Prozesse stellen insofern ein zentrales Kriterium des Exzellenz-Modells dar, als man mit ihrer Hilfe alle Tätigkeiten im Unternehmen darstellen kann – seien es mitarbeiter-, partner-, kundenbezogene oder wertschöpfende Tätigkeiten, also solche, die der Herstellung von Produkten oder Dienstleistungen dienen. In den Prozessen werden nicht nur die

Produktqualität, sondern auch die Kosten des Unternehmens entscheidend beeinflusst. In den meisten Unternehmen haben sich die Prozesse über die Zeit unbeobachtet entwickelt und befinden sich in einem suboptimalen Zustand. Mit der Methodik des Prozessmanagements lassen sich

- ungeplante Stillstände von Betriebsmitteln verringern,
- Herstellzeiten verkürzen,
- Umlaufbestände an Rohmaterial und Halbzeugen senken,
- Personaleinsatz reduzieren und
- Fehlerkosten senken.

Gesundes Wachstum dank TQM

Die genannten Effekte summieren sich natürlich und führen bei exzellenten Unternehmen zu einer insgesamt positiven Entwicklung – nicht nur theoretisch, wie eine Studie ergab. Danach stieg der Umsatz der untersuchten 120 Unternehmen, die alle einen Qualitätspreis gewonnen hatten, kontinuierlich schneller als der einer Vergleichsgruppe, die sich nicht mit TQM beschäftigten. Auch der Aktienkurs der Qualitätspreisträger und die Anzahl der Mitarbeiter entwickelt sich demzufolge langfristig deutlich besser. Diese Unternehmen schaffen neue Arbeitsplätze.

Sowohl die Entwicklung des Aktienkurses als auch die Entwicklung der Mitarbeitanzahl machen deutlich, dass mit der Einführung von TQM nicht kurzfristige Effekte verknüpft sind, sondern ein langfristiger Erfolg erzielt werden kann.

Stichwortverzeichnis